여자만 보고 사는
남자 이야기 2

유광사 지음

여자만 보고 사는
남자 이야기 2

초판 1쇄 발행 2024년 12월 31일

지은이	유광사
펴낸곳	도서출판 지누

출판등록	2005년 5월 2일
등록번호	제313-2005-89호
주소	(04165) 서울특별시 마포구 마포대로 15 현대빌딩 907호
전화	02-3272-2052
팩스	02-3272-2053
전자우편	jinubook@naver.com
인쇄 · 제본	벽호

값 18,000원

ISBN 979-11-87849-55-1 (03800)

이 책은 저작권법에 의하여 보호받는 저작물이므로 무단 전재와 복제를 금합니다.

산부인과 의사 유광사의
삶과 헌신을 기록하다

들어가며

성공한 인생이란 무엇인가?

간혹 사람들은 내게 묻는다.

"의사로서 크게 성공하고 자식농사도 잘 지은 비결이 무엇입니까?"

남들보다 풍족한 환경에서 태어나 좋은 교육을 받았다. 의대 졸업 후 우연히 산부인과 의사의 길을 걸으면서 꼼꼼하고 성실한 성격과 타고난 손재주 덕에 남보다 빨리 실력을 키울 수 있었다. 아버지의 유산을 주춧돌 삼아 번듯한 병원을 개원했고 병원 건물 3층에 살림집을 차려 한밤중에도 분만실에 실려오는 산모를 차질 없이 진료하기 위해 넥타이를 매고 선잠을 잤다. 그렇게 365일, 휴가는커녕 주말도 없이 24시간을 진료에 몰두하며 '산부인과 의사 유광사'로 살았다.

"강서구의 아기들은 전부 유광사 산부인과에서 태어나는 것 같아요."

출생증명서에 출생장소를 기재할 때 아기들 대부분이 출생지를 '유광사 산부인과'로 적는 것을 보며 강서구청 직원이 던진 말이다. 그 말은 과장이 아니었다. 출산율이 높던 8~90년대에는 한 달에 400명 이상의 아기를 받았을 만큼 지역 주민 대부분이 우리 병원에서 아기를 낳았다. 강서뿐 아니라 마포, 종로, 김포 일대의 산모들이 우리 병원을 찾았고, 지역 불문 임신과 출산을 준비해 본 사람이라면 화곡동의 유광사 산부인과를 모르는 사람들이 없을 정도였다.

유광사 산부인과는 산후조리원과 불임의학연구소, 소아과, 마취과를 신설한 뒤 개인병원으로서는 보기 드물게 98병상을 갖춘 유광사여성병원으로 자리매김했다. 2012년 보건복지부로부터 산부인과 전문병원으로 선정되는 등 국가에서 시설과 전문성을 인정받기도 했다. 개원 이래 병원 건물을 증축한 것이 다섯 번에 이르고, 그마저도 부족해 근처에 새 병원을 짓고 확장 이전하며 오늘의 모습을 갖추었다.

내가 진료에 전념하는 동안 아내는 병원 운영 전반을 꼼꼼하게 관리하며 홀어머니를 극진히 모셨고 자식들도 잘 키워냈다. 자라면서 말썽 한 번 안 부린 딸과 아들은 모두 나를 따라 각각 피부과,

산부인과 의사가 되어 자신의 소임을 다 하고 있다. 똑똑하고 현명한 며느리를 맞이했고, 눈에 넣어도 아프지 않을 손주 셋은 모두 명문학교를 우수한 성적으로 졸업하는 등 가문의 영광을 이어가고 있다. 의사로서의 삶에도, 개인으로서의 삶에도 내게는 항상 축복이 넘쳤다.

그러다 보니 종종 사람들은 "의사로서 크게 성공한 비결이 뭡니까?", "자식들이 아버지의 대를 이어 의사의 길을 걷게 된 기분이 어떠신가요?"라며 축하와 부러움의 질문을 건네곤 한다. 기분은 좋지만 한편으로는 스스로에게 되묻는다. '진정으로 성공한 인생이란 무엇인가? 나는 정말 잘 살아왔는가?'

아버지가 일제강점기 일본으로 건너가 피혁공장을 운영하시면서 많은 유산으로 남겨주신 것, 어머니의 선견지명으로 화곡동에서 병원을 개원한 것, 다른 일에 신경 쓰지 않도록 단단하게 내조해 주는 아내를 만난 것, 자식들이 아버지를 따라 성실하게 잘 자라준 것⋯⋯ 세상이 말하는 성공적인 삶 뒤에는 나 자신의 노력 외에도 우연히 이뤄진 듯 보이는 다양한 인연들이 녹아 있었다. 살면 살수록 '내가 잘 해서'가 아니라 누군가의 도움이 뒷받침되었기에 좋은 결실을 맺을 수 있음을 깨닫곤 한다. 내가 아무리 바빠도 의료사각지대에 놓인 지역 주민들이나 외국인 노동자들을 위한 진료봉사에 참여하고, 형편이 어려운 이들에게 꾸준히 기부하는 것은 바로 이런 이유다. 내가 받은 크고 작은 힘들을 다시 세상에 나누는 것, 그것이 사회의 소중한 거름이 되어 모두가 살만한 세상을 만드는데 기여하는 것, 이것이 돈과 명예 보다 중요한 내 삶의 성공 기준이다.

2008년, 나는 모교인 고려대학교 의과대학에 30억 원을 기부했다. 평생 진료에만 전념하며 모은 돈을 쾌척한 것은 후배들이 보다 나은 환경에서 공부함으로써 이 사회에서 훌륭한 인재가 되는 길에 작게나마 보탬이 되고 싶었기 때문이다. 누군가는 돈을 많이 벌었으니 그 정도 기부도 할 수 있는 것 아니냐고 말하지만, 기부는 돈이 많아서 하는 것이 아니다. 내가 받은 만큼 사회에 베풀 줄 아는 미덕을 갖추어야 기부도 가능한 것이며 그것이 노블레스 오블리주의 출발이다. 이러한 지점에서 내 삶이 성공적이었냐고 묻는다면 나는 감히 '그렇다'라고 답할 것이다.

의사를 바라보는 시선이 곱지만은 않은 요즘이다. 매스컴에서 의료현장의 부정적인 단면이 자주 노출되고, 의료개혁 과정에서 여러 잡음이 나오다 보니 의사에 대한 이미지가 많이 실추된 듯하다. 한평생 의사로 살아온 입장에서 매우 안타까운 일이 아닐 수 없다. 많은 의사들이 자신의 삶을 헌신하며 진료실을 지키고, 환자의 목숨을 살리기 위해 분투한다. 산부인과 의사의 경우 분만실에서 갓 태어난 아기와 산모 두 사람(또는 그 이상)의 생명을 지키기 위해 온 힘을 쏟는다. 간혹 생각지 못한 문제가 발생하면 (나는 이것을 인간의 한계를 벗어난 상황이라고 표현한다) 그 책임과 원망도 견뎌야 한다. 의사의 목에는 명예와 멍에가 함께 걸려 있는 것이다.

그럼에도 나는 '의사'가 인류 역사에서 가장 고귀한 직업 중 하나라고 생각한다. 다른 이의 생명을 살리고 건강을 지키는 것만큼 뜻 깊은 일이 또 어디 있겠는가. 그러기에 내가 의사로 살아왔다는 것, 그리고 자식들이 그 길을 함께 하고 있다는 사실이 꽤나 뿌듯하고 자랑스럽다. 앞으로도 많은 후배 의사들이 진료실을 넘어 동시대를 살아가는 이들을 위해 봉사하고 나눌 줄 아는 '진정으로 성공한 의사'가 되기를 바라고 또 바라는 마음이다.

1998년, 〈여자만 보고 사는 남자 이야기〉라는 책을 펴낸 바 있다. 그리고 26년이 지난 지금 산부인과 의사 유광사와 인간 유광사가 살면서 경험하고 느낀 바를 자식과 손주, 후배들에게 널리 알리고 싶은 마음에서 동명의 제목으로 두 번째 책을 썼다. 첫번째 책이 산부인과 질환에 대한 상식을 위주로 썼다면, 이 책은 산부인과 의사로서의 삶과 개인의 소회를 허심탄회하게 풀어내고자 했다. 일생의 기억들 속에 새겨진 크고 작은 보물들을 꺼내기 위해 부단히 노력했다. 독자들에게 재미와 즐거움, 그리고 작은 깨달음이나마 전할 수 있다면 그 또한 큰 기쁨일 것이다.

나와 같은 고등학교, 대학교를 졸업하고 병원 운영의 동반자, 아이들의 엄마로 헌신해 온 평생의 짝꿍, 아내 박경순에게 감사를 전한다. 똑똑하고 당찬 딸 상희, 속 깊고 현명한 아들 상욱, 늘 환자 진료에 여념 없는 상욱을 빈틈없이 내조해 주는 며느리 희정에게도 고마운 마음을 전한다. 눈에 넣어도 아프지 않을 사랑하는 손주 승림, 영하, 성하에게도 사랑한다는 말을 전하고 싶다. 할아버지의 삶을 기록한 이 책이 앞으로 살아가는데 작게나마 힘이 되기를 바란다.

2024년 11월
아직은 따뜻한 겨울의 시작에서

추천사

〈여자만 보고 사는 남자 이야기〉
2편의 출간을 축하하며

　의학전문지 기자로서 유광사 병원장님을 만난 인연이 벌써 30여 년을 훌쩍 넘었다. 취재를 통해 알게 된 유 병원장님은, 인터뷰가 없을 때에도 종종 나를 불러 병원계의 돌아가는 소식을 묻곤 했다. 알만한 사람들은 다 아는, 존경받는 산부인과 의사인 동시에 원로 의료인으로서 여러 병원들의 소식에 꾸준히 관심 갖는 것을 보며 새삼 그분의 근면함을 느낄 수 있었다.

　그를 한마디로 표현하기란 쉽지 않다. 할머니, 엄마, 손녀까지 3대가 다시 찾을 만큼 신뢰받는 산부인과 의사, 개인병원으로서는 드물게 98병상의 규모를 갖추고 보건복지부로부터 산부인과 전문병원 인증을 받은 성공한 병원장, 모교인 고려대학교 의과대학에 30억 원을 기부한 노블레스 오블리주의 산증인, 지역 주민들에게 존경받는 의사, 여든이 넘은 지금까지도 환자를 돌보는 것이 유일한 낙이라 말하는 진정한 의사 등…

병원 건물을 수없이 증축하고 소아과와 마취과, 불임센터 등을 갖추며 여성전문병원으로 확장 이전하던 중에도, 그는 꾸준히 지역사회의 소외된 이웃과 의료사각지대에 놓인 환자들을 위해 무료 봉사와 기부를 실천해 왔다. 그 덕에 주변인들과 지역 주민들의 요청에 따라 정치에 뛰어들기도 했다. 서울특별시의회 의원으로서 의료서비스의 질을 높이기 위해 여러 정책을 지원했으며 지역구 지구당 위원장을 역임하며 국회의원에 출마하기도 했다. 누군가 한 개도 이루기 어려운 수많은 업적을 부단히 이루어 온 것이다. 그럼에도 '송충이는 솔잎을 먹고 살아야 한다'라는 생각으로 본인의 천직은 의사임을 고백하며 여든이 넘은 지금까지도 진료실을 지키고 있다.

그의 값진 삶은 자식과 손주에 이르러 그 열매를 드러내고 있다. 딸과 아들 모두 존경하는 아버지의 길을 따르겠다며 의사가 됐고, 손주들은 할아버지를 닮아 세상에 도움이 되는 사람이 되고자 열심히 공부한 덕에 미국 명문학교를 졸업했다. 그를 만나면 대부분 손자 손녀의 자랑으로 시간을 보내는 것도 너무도 당연한 일일 것이다.

그를 볼 때마다 과연 어떻게 사는 게 훌륭하게 사는 것인지를 생각하곤 했다. 직업적으로나 개인의 삶으로나 어느 면에서도 흠이 없는 삶, 가까이 지낼 수 있다는 것 자체가 큰 행운이라는 생각이 들게 하는 삶, 그는 모든 이들에게 귀감이 되는 존재이다.

어느 날 유 병원장님이 내게 책을 한 권 내야 할지 고민이라고 말씀하셨다. 여전히 진료 현장을 지키느라 눈코 뜰 새 없이 바쁜 날들이지만, 보다 많은 사람들에게 자신의 삶에서 배운 여러 가치들을 알리고 싶다는 것이었다. 지체 없이 의사로서의 시간과 인간 유광사로서 살아온 삶을 정리하는 책을 꼭 쓰시라고 권유했다. 성공한 의사이자 병원 경영자, 그리고 몸소 노블레스 오블리주를 실천한 본보기로서 그 자취를 기록하는 것은 후대를 위해서도 꼭 필요한 일이기 때문이다. 그리고 1998년 첫 번째 책〈여자만 보고 사는 남자 이야기〉에 이어 26년 만에 두 번째 책〈여자만 보고 사는 남자 이야기〉 2편이 발간되기에 이르렀다. 부족한 필력이지만 이 책의 추천사를 쓰게 된 것이 더 없는 영광이라 생각한다.

유광사 병원장님의 신간〈여자만 보고 사는 남자 이야기〉 2편이 보다 많은 사람들에게 전해져 아버지로서, 남편으로서, 의사로서, 병원 경영자로서 크게 성공한 그의 삶을 통해 인생을 살아가는 인사이트를 얻었으면 한다.

'호사유피 인사유명(虎死留皮 人死留名)'이라는 말처럼 '유광사'라는 이름과 그것을 빛내는 수많은 삶의 이력들이 영원히 우리에게 남기를 기대한다.

박현 (주)HP 대표
(전 병원신문 편집국장=몸짱기자)

차례

들어가며   6

추천사   12

하나, "어둠을 비추는 빛이 되어라"

1. 아버지의 땀, 어머니의 헌신   _23
유.광.사(柳.光.司) | 진목마을로의 귀향 | 섬마을의 사이렌 | 노오란 치자 옷을 입고 | 대국산(大局山)으로의 소풍 | 한 없는 아버지의 사랑

2. 운명이 이끈 의사로의 길   _35
닭의 목을 가르다 | 별보기 운동 | 1년 간의 휴학, 방 안에 갇히다 | 생애 첫 번째 좌절 | 나쁜 게 꼭 나쁜 것은 아니다 | 도피대장과 사쿠라 | 의과대학에 합격하다

3. 아버지의 마음으로   _51
촌놈의 서울살이 | 진고개 신사의 첫사랑 | 닭 잡는 의대생이 되다 | 부부의 연을 맺다 | 뜻밖의 이별 | 어떤 의사가 될 것인가

차례

둘, "생명의 시작, 그 곁에서"

1. 산부인과 의사가 되다　_69

평생의 천직 | 군대보다 혹독한 수련 | 삼다(三多) 삼무(三無) |
무의촌을 찾아가다 | 유광사 산부인과를 짓다

2. 노력을 넘어서는 노력으로　_81

개인의 삶을 포기하다 | 실력 좋은 산부인과 의사 | 오직 환자를 위한 병원으로 |
태교까지 신경 쓰는 의사 | "선생님, 저는 돈이 없어요." |
불임의학연구소와 산후조리원, 소아과까지… 보건복지부 지정 '산부인과 전문병원',
'의료기관평가인증병원'이 된 유광사여성병원

3. 생명 탄생의 현장에서　_99

분만은 늘 위기의 연속이다 | 의사는 신이 아니기에 | 진료실에서 강간범을 잡다 |
아들을 낳아야만 했다 | 분만실의 아기, 산모가 되어 돌아오다 |
의사가 '삼심일행(三心一行)'을 지켜야 하는 이유

셋, "자랑스러운 아버지가 되고 싶었다"

1. 가족은 나의 힘   _123
아내이자 엄마, 평생의 동반자 | "아버지를 따라 의사의 길을 갈 거예요" |
속 깊은 딸, 당당하고 멋진 피부과 의사가 되다 | 유광사여성병원의 미래를
이끌어 갈 동반자, 아들 | 대를 이어 가족의 자랑이 되어준 손자, 손녀

2. 진료실을 넘어 지역 사회의 일꾼으로   _151
제2의 고향 강서구 | 의사의 기본은 '박애'와 '봉사' | 서울특별시의회 의원 배지를 달다 |
현실과 이상의 괴리, 다시 의사의 길로 | 평양산원에 방문하다

3. 노블레스 오블리주   _179
어머니의 기도 | 세금도 나눔이다 | 고향 진목마을에 세워진 공적비 |
하버드대학교가 알려준 기부의 가치 | 고려대학교에 30억 원을 기부하다, 유광사 홀의 탄생 |
기부자 명예의 전당에 헌액되다

넷, "이야기를 마무리하며"

1. 오늘도 나는, 산부인과 의사 유광사   _213
2. 사랑하는 아버지께   _217
    (유상희, 유상욱 원장의 편지)

하나, **"어둠을 비추는 빛이 되어라"**

늘 웃는 얼굴로 우리를 품어주셨던 아버지.
한참의 세월이 지나고 나서야 나는 비로소
그 마음을 깨달을 수 있었다.

1
아버지의 땀, 어머니의 헌신

유.광.사(柳.光.司)

'유광사'. 대한민국 사람이라면 한 번쯤 들어봤을 산부인과병원의 대명사가 됐지만, 젊은 시절에는 '꽤나 특이하다'라는 반응이 따라다녔던 이름이다. 내 아버지는 일제강점 말기에 외삼촌 두 분과 함께 일본 동경으로 건너가 피혁공장을 운영하셨다. 그때 어머니도 아버지를 따라 함께 가셨고, 1942년의 끝자락(11월 22일)에 내가 태어났다. 아버지는 내게 '빛 광(光)', '맡을 사(司)'를 써서 '광사'라는 이름을 붙여 주셨다. 한국 사람들은 이름에 '맡을 사(司)'를 잘 안 쓰지만, 일본 사람들은 지금도

'츠카사'와 같이 이름에 '맡을 사(司)'를 많이 쓴다. 어디서든 중요한 역할을 맡는 사람이 되라는 의미이다. 아마도 '어둠을 밝히는 빛과 같은 존재로 살아가라'는 뜻에서 내게 광사라는 이름을 지어주신 것이 아닌가 싶다.

서슬 퍼런 일제강점기, 모두가 힘들었지만 특히 일본에서 조선인이 사업을 꾸려나간 다는 것은 쉬운 일이 아니었다. 그러나 아버지는 오직 신뢰와 성실을 바탕으로 온갖 멸시와 불신을 이겨내며 공장의 기반을 닦으셨다. 그렇게 3년이 지났을 무렵, 조국이 해방됐고 아버지는 어머니와 나를 한국으로 돌려보냈다. 해방도 되었으니 내가 고국의 품에서 자라기를 바라셨고, 아버지는 막 자리를 잡아가는 공장을 두고 올 수가 없었기에 외삼촌 두 분과 함께 동경에 남기로 결정하신 것이다.

국외 이동이 쉽지 않던 시절, 어머니는 여자 혼자의 몸으로 3살배기인 나를 꽁꽁 싸매고 밀항선에 올랐다. 동경에서 후쿠오카로, 후쿠오카에서 다시 부산으로 향하던 바닷길이 5일은 족히 걸렸으리라. 누가 누군지도 모를 사람들에 뒤섞여 망망대해 고국으로 돌아오던 어머니는 그때 무슨 생각을 하셨을까.

진목마을로의 귀향

　　　　　　　　　어머니가 나를 안고 부산항에 내려 멀고 먼 남해의 진목마을로 온 것은, 그곳이 원래 집안 고향이었기 때문이다. 진목마을은 예부터 참나무가 많아서 '참 진(眞)'자를 썼다고 하는데, 실제로 참나무들을 보지는 못했다. 다만 동네 어귀에 두 팔로 다 감싸지지 않을 만큼 큰 나무가 있어 그 아래에서 종종 놀았던 기억이 난다.

　남해는 바다로 둘러싸인 섬이지만 지금처럼 낚시나 어업은 꿈도 꾸지 못했다. 그저 집 앞 논과 밭에 쌀과 보리를 심어 걷어 먹는 형편인 것만으로도 감사해야 했다. 타지에 남편을 두고 홀로 고향에 돌아와 농사도 짓고 아이를 키워내신 어머니가 보통 강인한 분이 아니셨다는 생각이 든다.

　아버지는 1년에 한두 번 정도 집에 오셨다. 전화도 편지도 어렵던 시절이니 서로의 소식을 주고받으려면 직접 오가는 방법밖에 없었고, 어찌 보면 그 덕에 아버지 얼굴을 잠깐이나마 볼 수 있었다. 아버지는 공장을 운영하면서 번 돈을 어머니에게 주기 위해 품에 잘 숨겨서 가져오셨다. 신기하게도 같은 배에 꼭 돈을 환전해 주는 환치기들이 따라붙어 일본 돈을 한국 돈으로 바꿔주었다고 한다.

　이후 3년 터울로 남동생 병환이와 여동생 기숙이가 태어나면서,

아버지의 빈 자리로 허전하던 집은 나와 동생들의 소란으로 채워져 갔다.

봄이 오면 논을 갈고 잡초를 뽑은 뒤, 지난해에 수확한 벼의 낟알 껍질을 벗겨 얻은 벼 씨를 모판에 뿌렸다. 남해의 5, 6월은 모내기를 하기에 꽤나 뜨거운 계절이었다. 마을 사람들이 품앗이처럼 서로 돕기도 했고, 어머니께서 생계가 곤란한 청년들에게 품삯을 주고 일을 거들게 하기도 했다. 챙이 넓은 모자를 쓴 어른들이 바지를 걷어올리고 논에 들어가 일렬로 죽 늘어서서 모를 심던 광경이 떠오른다. 이른 새벽부터 해질녘까지 모를 심다 보면 땀에 젖은 수건이 축 늘어졌다. 쌀 한 톨을 얻기 위한 노동이란 그토록 고된 것이었다. 하지만 물논에 모가 심어지면서 초록빛으로 채워져 가는 광경은 어린 눈에도 퍽이나 뿌듯했다. 모가 하나씩 자리 잡을 때마다 논 위로 작은 물결이 잔잔하게 퍼져나가던 기억도 난다. 선선한 바람이 불 때쯤이면 고생스럽게 심은 어린 모들이 풍성한 벼가 되어 가을바람을 타고 흐르리라.

섬마을의 사이렌

　　　　　　　　　밤중에 '위이잉-' 하는 소리가 울렸다. 어머니가 나와 어린 동생 둘을 데리고 집 밖으로 나갔다. 그리고는 집 뒤에 일찌감치 파 놓았던 굴로 뛰어들어가 몸을 숨겼다. 마을 사람 모두 제각각 파 놓은 굴을 찾느라 혼비백산이었다.

　해방의 기쁨을 만끽한 지 얼마 지나지 않은 1950년 6월 25일에 한반도에서 전쟁이 일어났다. 남쪽 끝의 섬마을이었기에 인민군이 쳐들어오는 위험은 피할 수 있었지만 전쟁의 불안은 온 마을을 휘감기에 충분했다. 어릴 때라 잘 기억은 나지 않지만, 비행기가 뜨거나 어떤 위험이 생기면 누군가 호루라기를 불어대며 사이렌을 울렸고, 마을 사람들이 일제히 뛰어나와서 미리 파 놓은 굴에 삼삼오오 숨어들어갔다가 10~30분 후에 빠져나오곤 했다. 그나마 국토 최남단에 살았던 덕에 피난은 가지 않았고, 가족끼리 떨어지는 아픔도 피할 수 있었다. 일본에 계신 아버지를 한동안 볼 수 없어서 속이 상했지만, 전쟁으로 영영 이산가족이 돼버린 생이별에 비할 바는 아니었다.

노오란 치자 옷을 입고

마을 앞으로 펼쳐진 강진만은 지금도 많은 여행객들이 찾는 드라이브 코스다. 그 시절 논밭 앞에 펼쳐진 푸른 바다가 햇빛에 반짝이는 것을 보고 있노라면 절로 마음에 평화가 찾아왔다. 계절마다 어김없이 피어나는 치자꽃들을 보는 재미도 있었다.

남해의 특산물로 유명한 것이 유자, 치자, 비자나무다. 그중에서도 우리 마을에는 치자나무가 많았다. 가을에 하얀 빛을 띠던 치자나무 열매가 노랗게 익으면, 어머니께서 그 열매들을 따다가 2~3일쯤 물에 불린 뒤 염색물을 만들어 노오란 옷을 지어주셨다. 그 옷을 입고 마을 어귀로 나가면 사람들이 "야- 곱다" 하고 부러워했지만 실은 여간 불편한 것이 아니었다. 삼베옷이 꺼끌거려 피부가 따가웠기 때문이다. 여름에 옷이 들러붙지 말라고 쌀로 만든 풀까지 먹이면 옷감이 더 딱딱해졌다. 그럼 그 옷을 입은 채 마을의 포강(浦港, 작은 포구)에 뛰어들어 일부러 옷감을 적셔 부드럽게 만들곤 했다.

사실 이런 추억도 일본에서 생활비를 보태주시는 아버지 덕에 누린 호사였다. 전쟁 이후 다들 배를 곯지 않기 위해 갖은 노동을 하며 살아가던 때에, 베틀로 옷감을 짜서 물들여 입고 다닐 생각을 누가 할 수 있었겠는가. 아직도 작은방 한쪽에 자리 잡은 베틀 앞에서 어머니가 몸을 앞으로 숙인 채, 발판을 밟아 날실과 씨실을 엮어 나가시던 모습이 선하다. 어머니는 베틀 북을 한손으로 잡고, 오른쪽에서 왼쪽으로 그리고 다시 왼쪽에서 오른쪽으로 재빠르게 움직였다. 북이 움직이면서 실이 짜여 가는 것이 신기해, 나와 동생 병환이가 직접 해 보겠다고 어머니를 따라 발판을 밟던 일들 모두 이제는 어린 날의 추억으로만 남았다.

대국산(大局山)으로의 소풍

남해에는 크고 작은 산들이 많이 있는데 특히 대국산은 우리 마을에서도 가깝고 많이 높지 않아 사람들에게 친근한 곳이었다. 산 꼭대기에 오르면 구름이 자욱하게 깔려 그 너머로 마을과 바다가 내려다보였는데 그 광경이 정말 장관이었다.

국민학교 5~6학년이 되면 대국산으로 소풍 가는 것이 연례 행사였다. 산 중턱에 신라시대에 지어진 대국산성이 있어 현장체험을 하기에도 적격이었다. 그래 봐야 산 중턱에 가서 도시락을 까먹고 오는 것이 전부였지만, 아이들은 소풍을 가기 열흘 전부터 몇 번씩 날을 세며 기다리곤 했다. 양철로 된 납작한 사각 도시락에 누구는 밥과 김치, 나물을 잔뜩 눌러오고, 형편이 좀 나은 아이는 삶은 달걀을 껍질째 밥 속에 푹 꽂아 왔다. 어느 때였나 한 친구는 사각 도시락이 없었는지 제사 때 쓰는 뚜껑 달린 제기 놋그릇에 밥을 싸서 천으로 꽁꽁 싸매왔다. 그런데 천을 풀려다가 그릇이 떨어지는 바람에 산 아래까지 떼굴떼굴 굴러가는 것이 아닌가? 나이 지긋한 담임 선생님이 "아이고, 아이고" 하며 뛰어내려가 주워온 덕에 그 친구는 무사히 끼니를 때울 수 있었다. 소박하고 단조로운 일상이었지만 따뜻한 정이 묻어나는 시절이었다.

한 없는 아버지의 사랑

어릴 적 화장실을 '뒷간'이라고 불렀다. 뒷간은 집 마당 건너편에 위치해 있어서 한밤중에 대소변이 마려우면 여간 곤란한 게 아니었다. 가로등 하나 없던 시절, 칠흑 같은 밤에 뒷간에 갔다가 귀신이라도 만날까 무서워 자고 있는 동생 병환이를 깨워서 "야, 나랑 뒷간 좀 같이 다녀오자"라고 조르는 일이 다반사였다. 게다가 변기 같은 것은 상상할 수도 없고, 높은 곳에 올라가 쭈그려 앉으면 구멍 아래로 대소변이 떨어지는 구조였다. 그러면 거기에 물을 부어두었는데, 냄새는 물론이고 파리며 모기들이 날아드는 통에 오래 앉아 있을 엄두도 못 냈다. 볼일을 보고 나면 나락 껍데기(벼의 겉껍질)를 비벼서 뒤를 닦았다. 요즘 사람들은 상상이 안 갈 것이다.

아홉 살 무렵, 학교에 다녀오는 길에 옆집 아줌마가 그 집 뒷간으로 들어가는 것을 보았다. 순간 땅바닥에 굴러다니는 돌을 하나 주워, 속으로 셋을 센 뒤 뒷간 아래 인분 구덩이를 향해 집어던졌다. 똥물이 튀는 소리가 들렸고 동시에 아줌마의 비명 소리가 터져 나왔다. '성공이다!' 기쁨의 탄성을 내지르며 냅다 도망쳤지만 결국 잡혀서 손이 발이 되도록 싹싹 빌어야 했다. 뭐가 그리 재미있었는지, 혼이 나고도 정신을 못 차려서 또 무슨 장난으로 사람들을 놀래킬까 궁리했다. 일본에서 나온 외삼촌이 이런 나를 보며 "이놈아, 니 아버지는 너를 가르치려고 일본에서 금수처럼 일을 하는데, 너는 언제 철이 들려고 이러느냐"라고 야단하시기도 했다.

아버지는 귀국 때마다 나와 병환이, 기숙이가 입을 가죽 옷과 가죽 신발을 갖고 오셨다. 남해에서 그런 옷을 입은 사람은 우리 3남매뿐이었기에 자연스럽게 사람들의 시선을 몰고 다녔다. 계절에 맞춰 여름 옷과 겨울 옷을 구분해 입는 것이 전부였던 또래들과 달리, 일찍부터 패션에 눈을 뜬 것도 다 아버지 덕분이었다. 필요한 것은 아버지께 말씀만 드리면 갖지 못할 것이 없었다.

"아들아, 니 머시 제일 갖고 싶냐?

"아부지, 내는 책방에서 파는 전과가 제일 갖고 싶어요."

"전과? 그래, 가자."

남해에는 책방이 딱 한 곳뿐이었다. 그나마도 지금처럼 다양한 책이 빽빽하게 꽂혀 있는 것이 아니라, 몇 개 없는 책이 귀하게 전시돼 있는 형편인지라 아무나 사 볼 수도 없었다. 어느 날 일본에서 나오신 아버지가 뭐가 제일 갖고 싶냐고 물었을 때, 기다렸다는 듯이 전과를 사달라고 했다. 지금으로 치면 참고서쯤 되는 책으로 국어, 영어, 수학, 과학 4과목의 교과 내용을 요약한 책이었다. 아버지의 손을 꼭 붙들고 전과를 사오던 날의 기쁨을 잊을 수가 없다.

해마다 아버지의 얼굴이 까맣게 그을리고 주름이 늘어갔지만, 어린 날에는 그게 어떤 의미인지 몰랐다. 깊게 패어 가는 주름 속에 타지에서 홀로 지내며 흘린 땀과 한이 서려 있음을 알기에는 어린 나이였다. 타국에서 홀로 이방인으로 살면서 잠자는 시간도 거의 없이 일만 하셨던 아버지, 그럼에도 힘들다는 기색 없이 늘 웃는 얼굴로 우리를 품어주셨던 아버지. 어른이 된 뒤에야 나는 비로소 그 마음을 깨달을 수 있었다.

1 아버지
2 어머니
3 나와 여동생, 남동생(1994. 1. 1 집 마당에서)

2
운명이 이끈 의사로의 길

닭의 목을 가르다

요즘 사람들은 천직(天職)이라는 말을 잘 안 쓸 테지만, 살다 보면 '누구한테나 천직이라는 것이 있구나' 하는 생각이 들 때가 있다. 말 그대로 하늘이 내게 쥐여 준 직업이니, 그 일을 함에 있어서 쓸 재주를 타고났다는 뜻이리라.

중학교에 다니던 무렵이었다. 학교에서 돌아와 마루에 앉아 발을 터는데, 마당에 있던 수탉 한 마리가 먹이도 먹지 못한 채 제자리만 돌고 있는 모습이 보였다. 먹성 좋던 녀석이 빌빌거리는 모양새가 영 이상해 살펴보니 목이 좀 불룩해 보였다. 예전에 아버지께서 닭이 이상한 것을 주워 먹으면 식도 근처의 모이주머니가 부풀어 올라서 아무것도 먹지 못하고 죽는다고 말씀하셨던 일이 떠올랐다. '어이쿠, 잘못하면 저놈이 죽겠구나' 싶었다. 무슨 용기가 솟았는지 안방으로 달려가 어머니의 반짇고리함을 들고나왔다. 그리고 녀석을 붙잡아 부엌으로 달려갔다. 품 안에서 정신없이 푸드득거리던 녀석은 그날이 자기 제삿날이구나 싶었을 것이다.

부엌에서 가위 하나를 집어 들어 닭의 불룩한 목 부위를 살짝 찔러 보았다. 닭이 날개를 휘저으며 온 사방에 깃털이 날렸다.

"이놈아! 내가 니 죽이려는 게 아니고 살리려는 거다!"

이판사판이다 하는 심정으로 목의 피부를 잘랐고, 그 안에 어린아이 주먹만큼 부풀어 오른 모이주머니를 발견했다. 얼른 모이주머니를 잘라 꺼낸 뒤 미리 실을 꿰어둔 바늘로 녀석의 식도와 전위를 꼬메고 절개한 피부도 꿰매 주었다. 어느 순간 닭의 몸부림이 잦아들었다. '죽었나?' 하고 녀석을 바라보았다. 천천히 죽을 수 있는 걸 괜히 고통스럽게 했나 싶어 죄스러운 마음이 들던 차에 녀석이 몸을 움찔하더니 제 발로 일어섰다. 다음날 녀석은 다시 마당 구석구석을 부리로 콕콕 쪼아가며 먹이를 주워 먹기 시작했다.

나중에 이 사실을 안 어머니는 내가 위험천만한 짓을 했다고 걱정하시면서도 한편으로는 "우리 아들 손재주가 참 좋다" 하시며 동네 사람들에게 자랑을 하셨더랬다.

해부에 대한 지식도, 수술이 뭔지도 몰랐던 시골 소년이 무슨 생각으로 닭의 목을 쨌을까. 훗날 내가 의대에 들어가자 어머니는 '아들이 의사 될 재주를 타고났다'라며 그때 일을 꺼내시곤 했다. 실제로 내가 레지던트 수련의나 전문의 시절 유독 손재주가 좋아 남들보다 수술도 잘 하고 피부 봉합을 성형외과 의사처럼 잘 한다는 칭찬을 듣곤 했으니 어머니의 말씀이 맞는 것 같기도 하다.

별보기 운동

촌구석에서 논 열 마지기가 있으면 부자라 하고 다섯 마지기가 있으면 그런대로 사는 집이라 하던 때였다. 우리 집은 논 열 마지기쯤 하고도 아버지께서 벌어 주시는 생활비가 있었으니 삼남매 모두 먹을 걱정, 돈 걱정 없이 학교에 다닐 수 있었다.

사실 학교생활의 절반은 '오고 가는 길'에 썼다. 진목국민학교를 졸업하고 6년 동안 남해중학교와 남해종합고등학교를 다녔는데, 집에서 학교까지 편도 20리, 왕복 40리를 매일 걸어 다녔다. 20리가 약 7.86km에 해당하니까 하루에 약 15km, 지금으로 치면 여의도에서 강남까지 걸어서 등하교를 한 것이다. 아침 7시경에 집에서 출발해 학교로 갔다가, 끝나고 집에 올 즈음엔 해가 져 있어서 어른들이 우리에게 '학교를 별보기 운동으로 다닌다'라고 말씀하시곤 했다.

학교생활은 즐거웠다. 워낙 장난도 심하고 친구들과 어울리는 것을 좋아했던 터라, 수업 땡땡이를 치다가 담임 선생님께 혼쭐이 난 적도 더러 있었지만 학습능력이 탁월했던지 교과 공부는 곧잘 하는 편에 속했다. 어머니도 내게 '공부해라'라는 잔소리를 하신 적이 없다. 그렇게 노는 것을 좋아하는 데도 시험 점수가 좋아서 '아들은 이담에 뭐가 돼도 크게 될 거다'라고 기특해 하셨다. 유복한 집안의 장남으로 태어나 공부까지 잘했으니 주변 사람들에게는 칭찬과 부러움의 대상이었다. 그렇게 내 인생은 늘 순탄하기만 한 줄 알았다. 삶의 첫 번째 위기가 찾아오기 전까지는.

1년 간의 휴학, 방 안에 갇히다

어느 날, 잠을 자다가 허리가 뻣뻣하게 굳어진 느낌이 들었다. 몸을 돌려세우려고 힘을 줬는데 쉬이 움직이지 않았다. 뒷목부터 허리뼈까지 전부 어긋난 것 같았다. 해가 떴다가 넘어가도록 통증은 가라앉을 줄을 몰랐다. 급기야 악- 소리를 내며 주저앉았다. 학교는커녕 방문 밖으로 걸어나가는 것도 힘들었다. 어머니께서 사방에 좋다는 약은 다 지어다 주시고, 멀리 읍에 나가 양방의사를 만나도 이렇다 할 병명을 알 수가 없었다. 지금 생각해 보면 디스크였던 것 같은데, 병원에 엑스레이 기계 하나 없던 시절이다 보니 정확한 진단을 받지 못한 것이다. 결국 중학교 3학년을 다 못 채우고 휴학을 결정했다. 그대로는 40리 길을 걸을 수도, 수업 시간 내내 의자에 앉아 있을 수도 없었기 때문이다.

기약 없이 누워 지낸 지 한 달쯤 지났을까. 어머니께서 허리에 좋은 특효약을 구했다며 누런 가루약을 한 수저 주셨다.

"어머니, 이거 묵으면 허리 다 낫나예?"

"그래. 하나도 남기지 말고 입에 다 털어 넣어라."

몸에 좋은 약은 입에 쓰다고 했던가. 난생 처음 맛보는 쓰고 비릿한 맛에 얼굴이 잔뜩 일그러졌다. 그래도 허리만 다 나으면 학교에 다시 갈 수 있다는 생각에 아침과 밤마다 가루를 입에 털어 삼켰다. 한 달쯤 먹다 보니 정말 허리가 나아지는 것도 같았다.

여느 때보다 일찍 눈을 뜬 새벽, 방에서 일어나 마당으로 나갔다. 퀘퀘한 냄새와 함께 회색 연기가 자욱하게 피어오르고 있었다. 눈을 부비며 가까이 다가가 보았다. 작게 파인 땅 안에 사기그릇이 엎어진 채 계속 타고 있었다. 부엌에 있던 어머니께서 뜨거우니까 뒤로 물러나라고 소리치셨다. '저게 뭐길래?' 호기심 가득한 얼굴로 웅크리고 앉아 그것을 계속 바라보았다. 해가 중천에 오르고 불길이 거의 다 식자 어머니께서 그릇을 걷어내 그 안에 꽁꽁 싸인 모래 같은 것을 휘휘 헤치기 시작했다. 모래가 후드득 깨지며 떨어져 나가자 안에서 나무껍질 같은 누런 것이 똬리를 뜬 채 말라있었다. 어머니는 그 똬리를 신줏단지 모시듯 살살 긁어서 그릇에 담으셨다. 낯이 익은 누런 가루. 내가 하루도 **빼**지 않고 먹었던 바로 그 약이었다.

"어머니, 거기 방금 또아리 틀고 있던 거 뱀 아니에요?"

"맞다. 뱀꾼들한테 비싼 돈 주고 산 기다. 흘리지 말고 다 묵어라."

하루 두 번씩 꼬박 씹어 삼킨 것이 뱀가루였다니. 기겁을 하고 방바닥에 드러누웠다. 뱃속에 뱀들이 꿈틀거리는 것만 같았다. 괜히 등도 간지럽고 배도 아팠다. 그러다가 문득 '학교에 돌아갈 수만 있다면 뱀 아니라 더한 것은 못 먹겠나' 싶은 생각이 들었다. 결국 눈을 딱 감고 뱀가루를 입에 털어 넣었다. 전보다 훨씬 쓰고 비릿했다. 다음 날도, 그다음 날도 눈을 꼭 감고 삼켜 버렸다. 그렇게 몇 달이 지나자 허리 통증이 거의 잦아들었다. 구불구불 유연하게 기어다니는 녀석이라 허리 아픈데 직통이라는 어머니 말씀이 옳았던 걸까. 생각해 보면, 아들의 허리를 고치기 위해 뱀꾼들에게 산 뱀을 막대기에 돌돌 말아 쌀겨를 덮어 밤새 불을 피우신 어머니의 정성이 내 허리를 고친 것이 아닌가 싶다.

생의 첫 번째 좌절

휴학이 끝날 즈음 마음에 변화가 찾아왔다. 학수고대하던 복학 대신 사범학교 입학시험을 치르기로 한 것이다. 그 시절 고등교육을 받은 사람이 할 수 있는 가장 좋은 직업이 은행원이나 선생님이었다. 특히 1940~50년대 즈음에는 교사 수급이 부족했기 때문에 중학교 졸업예정자도 사범학교 시험을 치를 자격이 주어졌던 것으로 기억한다.

아버지와 어머니의 전폭적인 지원 하에 남해에서 부산사범학교 시험 준비를 시작했다. 시간이 촉박했지만 1년간의 휴학은 큰 문제가 되지 않는다고 자신했다. 오히려 빨리 진로를 정하는 것이 1년 동안 방 안에 누워 보낸 시간을 메꾸는 지름길인 것 같았다.

2월의 어느 날이었을 것이다. 요즘도 수능날은 유달리 춥다고 하는데, 부산사범학교 입학시험이 치러지던 날의 추위도 보통이 아니었다. 목부터 등허리를 차고 흐르는 냉기가 혹시나 허리 통증을 다시 일으키는 것은 아닐까 싶어 어머니는 몇 개의 옷을 겹겹이 준비해 주셨다.

시험은 국어, 수학, 일반 상식 과목으로 나누어 치러졌다. 전부 공부했던 내용들이었지만 그 수준이 만만치 않았다. 남을 가르치는 직업이니 입학 자격을 엄격하게 두었을 터였다. 게다가 전국에 공부 좀 한다하는 학생들은 다 모여들어 입학 경쟁률이 상당했을 것이다. 결국 호기롭게 도전했던 입학시험은 '불합격'이라는 성적표로 돌아왔다. 학교 게시판 어디에도 내 이름은 없었다. 태어나서 처음으로 맛본 좌절의 순간이었다. 일본에서 고생하시는 아버지, 우리 아들은 뭘 해도 될 거라고 지지해 주시는 어머니 얼굴이 번갈아 떠올랐다.

'어머니께 뭐라고 말을 해야 하나...'

집으로 향하는 길, 부산 영도다리 앞에 멈춰 섰다. 올라간 다리가 내려오는 것을 구경하려고 기다리는 사람들 사이에 섞여 바람을 맞은 지 2시간쯤 지났을까(당시 영도다리는 바다에 큰 배가 지나갈 때마다 다리가 반으로 나뉘어 올라가는 도개교였다). 쉼 없이 올라왔다가 흩어지는 파도를 보고 있자니 속상함도, 좌절감도 누그러지는 것 같았다. 요즘 사람들이 '불멍'이라고 해서 '불'을 '멍'하니 바라보는 것만으로도 마음이 치유된다고 하던데, 그 순간 나는 '물멍'을 한 것이다. 한동안 '물'을 '멍'하니 바라보고 있자니 복잡했던 생각들이 하나 둘 정리가 됐다. '앞으로 1년을 또 헛되이 보내게 생겼구나. 그치만 어쩌겠나. 감내해야지' 하는 목소리를 받아들인 것이다. 다시 집으로 돌아가는 길, 이른 봄내음이 바람을 타고 흐르는데도 나의 마음은 여전히 얼어붙어 있었다.

나쁜 게 꼭 나쁜 것은 아니다

나이를 먹으면 불편한 점이 많다. 몸이 예전 같지 않다는 것, 변해가는 세상을 쫓아가기 버겁다는 것이 그렇다. 반면에 나이를 먹어서 좋은 점도 많다. 젊은 시절에는 알 수 없는 삶의 진리를 체득하는 것이 특히 그렇다. 그중에서도 '나쁜 일이 끝까지 나쁜 일이 아니고, 좋은 일이 끝까지 좋은 일이 아니다'라는 진리는 늘 인생을 겸손하게 만들어 준다. 허리 디스크와 사범학교 낙방은 나의 콧대를 꺾고 우울하게 만들었지만, 운명의 바람은 나를 생각지도 못한 삶의 여정으로 이끌고 있었다.

장장 5년간의 중학교 생활을 마무리하고 남들보다 2살 많은 나이에 남해종합고등학교 입학시험에 합격했다. 남해종합고등학교는 농업과와 축산과로 나누어져 있었다. 축산과는 60명 모두 남자였지만 내가 입학한 농업과는 여자가 40명이고 남자가 20명이었다. 그곳에서 훗날 나의 아내가 될 박경순을 만났다.

학년 전체에서 1등을 놓치지 않을 만큼 수재였던 경순은 말 한마디 붙일 수 없을 만큼 도도했다. 시험시간에 옆 분단에 나란히 앉아 있던 경순에게 "야, 좀 보여줘!"라고 아무리 속삭여도 시험지를 반대쪽으로 휙 돌리고는 끝까지 안 보여줬다. 오죽하면 오늘 아침까지도 나는 아내에게 말한다.

"당신이 그때 시험 문제 1개만 보여줬어도 내가 서울대에 들어갔을 거야."

단아한 외모의 조용한 성격이었던 경순에게는 다른 학생들과 다른 아우라가 있었다. 나중에 안 사실이지만 경순의 아버지, 그러니까 훗날 나의 장인어른이 되신 그분은 남해 지역 초대 제헌 국회의원이신 박윤원 의원이었다. 그런 대단한 집안에서 오빠 둘에 여동생 둘 중 큰 딸이라는 얘기를 듣고 나니 더욱 말을 붙이기 어려웠다. '저 애랑 친해지기는 어렵겠구나.' 그렇게 나도 경순도 서로가 평생의 베필이 되리라는 것은 꿈에도 모른 채, 십 대의 마지막을 함께 하고 있었다.

도피대장과 사쿠라

고등학교 2학년이 되면 일반 교과 수업 외에도 '농사 실습' 수업을 들어야 했다. 학교 안에 따로 논밭이 있어 그곳에서 모를 심고 벼를 걷어들이는 농사에 직접 참여하는 것이 매우 중요한 학습 과정이었다.

서늘한 봄기운이 지나고 해가 뜨거워질 무렵, 나와 반 친구들은 바지를 걷어올리고 모내기에 뛰어들었다. 남자와 여자 할 것 없이 아이들은 물이 가득 채워진 논 양쪽 끝에 줄을 팽팽하게 당겨 놓고 10cm 간격으로 맞춰 서서 연신 허리를 구부렸다 폈다를 반복했다. 한 손에 움켜쥔 모를 심는 것도 고된 일이지만, 맨 다리를 공격하던 거머리를 떼어내는 일은 더 끔찍했다. 간질간질 이상한 느낌이 들어 다리를 올려보면 시커먼 거머리가 종아리에 찰싹 붙어 떨어질 줄을 몰랐다. 그러면 얼른 나뭇가지 하나를 주워 녀석의 몸통 아래로 비집어 넣어 억지로 떼어냈지만 이미 종아리는 붉은 핏물로 가득했다.

슬슬 잔꾀가 생겼다. 농사실습 시간만 되면 선생님의 눈을 피해 집으로 냅다 도망가기 시작한 것이다. 실습 선생님께 야단을 맞아도 나의 도망은 계속됐고 그러다 '도피대장'이라는 별명까지 생겼다.

어느 날, 1교시 실습 수업이 시작되기 전 열심히 도피할 채비를 하고 있는데 웬일인지 수업 과목이 바뀌면서 담임선생님이 들어오셨다. 또 내뺄 것이 뻔한 나를 붙들어 두기 위해 급습하신 것이었다. 결국 그날은 가방을 내려놓고 호미와 낫을 든 채 논밭으로 향해야 했다. 그런 날의 해는 왜 그리 또 뜨거운 건지. 해가 질 때까지 옷이 땀에 흠뻑 젖도록 모를 심고 또 심었다.

한번은 담임 선생님이 나를 교무실로 불렀다. '오늘은 땡땡이도 안 쳤는데 선생님이 왜 저래 화가 나셨지?' 하며 잔뜩 주눅이 들어

교무실로 들어갔다. 그러자 선생님이 긴 막대기로 내 교복 단추를 위에서부터 하나하나 톡톡 가리키며 "니 이거 뭐꼬? 여기가 일본이가?" 하셨다. 당시 내 교복은 아버지가 일본에서 가져다주신 학생복이었는데, 사쿠라 꽃 모양의 단추 안에 '高'가 새겨져 있었다. 나름대로는 멋이 있어서 입고 다닌 것인데, 농사도 매일 빼먹는 녀석이 옷까지 튀게 입고 다니니 학급 분위기를 망친다고 생각하셨던 것 같다. 결국 그 일로 어머니까지 학교로 불려오셨고, 사쿠라 단추를 모두 떼어서 일반 단추로 바꿔 달아야 했다. 아마 선생님들 사이에서는 내가 문제아까지는 아니어도 약간의 관리 대상이지 않았을까 싶다.

고등학교 1학년, 2학년 내내 도피대장으로 불리던 나는 고등학교 3학년 때부터 온상당번을 도맡아 가며 적극적으로 실습에 참여했다. 온상(溫床)이란 겨울철이나 이른 봄에 모종을 기르기 위해 땅을 파고 그 안에 거름을 넣어 온도를 높여두는 공간을 말한다. 아침에 1시간 일찍 등교해 모종을 다듬었고, 일주일에 3번 정도는 수업이 끝나고도 1시간가량 학교에 남아 모종을 정리했다. 1, 2학년 때 미흡했던 실습 점수를 좀 채워 대학입시에 유리한 성적을 받으려 한 것이다. 그런데 막상 대학교 원서를 쓸 때 보니, 내 실습 점수는 '가, 나, 다' 중에서 가장 낮은 '다'로 나와있었다. 3학년 내내 열심히 노력했음에도 실습 선생님이 점수를 전혀 반영해 주지 않은 것이다. 그 실망감은 이루 말할 수가 없었다.

재미있는 것은 훗날 유광사산부인과 원장으로 자리를 잡은 뒤, 농사실습 선생님이 교장 선생님이 돼서 우리 장모님과 함께 나를 찾아오신 일이 있다. (우리 장모님은 대단한 여걸이셨는데, 장인어른이 제헌 국회의원이었던 데다 큰 여관을 운영하셨기에 많은 인맥을 갖고 계셨다. 남해에 부임한 경찰서장이 인사를 올 정도였으니 그 활동력을 가히 짐작할 수 있으리라.) 교장 선생님(학창 시절 실습 선생님)은 모교에 피아노가 있었으면 좋겠다면서 내게 기부를 부탁하셨고, 나는 후배들의 교육을 위해서라면 얼마든지 사드리겠노라며 바로 피아노를 사서 기부했다. 대부분 풍금으로 음악수업을 진행하던 시절이니 나름 적지 않은 기부였다.

이후로도 모교에 많은 지원을 아끼지 않았는데, 교장 선생님이 또 한 번 찾아오셔서 교내 시계탑을 건립해 달라고 부탁하신 일이 있다. 망설임 없이 남해고등학교 교무실 앞에 10미터 높이의 커다란 시계탑을 건립해 드리고 일천만 원 기부금도 전달드렸다. 정문 앞에 세워진 시계탑에는 〈26회 졸업생 유광사 박경순〉이라는 이름도 새겨져 있어서 졸업생으로서도 뿌듯했다. 그런데 훗날 교무실을 이전하면서 나에게 상의도 없이 그 시계탑을 철거해 버린 사실을 알게 됐다. 선생님께서는 큰 시계탑을 옮길 방법이 없어서 어쩔 수 없었다고 해명하셨지만 내심 속이 상했다. 필요할 때는 남해에서 서울까지 한걸음에 달려오시면서 정작 철거할 때는 전화 한 통이 그리 어려우셨을까? 아무리 좋은 마음으로 기부를 했다 하지만, 그 정성을 너무 쉽게 생각하신 게 아닌가 싶어 한동한 서운해 했던 기억이 난다.

어쨌든 학창 시절 '도피대장'으로 매일같이 내빼던 장난꾸러기가 모교에 크고 작은 기부를 이행하는 동문이 됐으니, 사람 일은 알 수 없다는 옛 어르신들의 말씀이 맞는 것 같다.

의과대학에 합격하다

비록 '도피대장'으로 땡땡이도 많이 쳤지만, 성적은 나쁘지 않았다. 지금은 입시학원이다 인터넷 강의다 해서 학교 수업을 보충할 수 있는 자원이 풍부하지만 그 시절 공부는 대부분 학교에서 이뤄졌다. 하지만 나는 방학 때마다 부산까지 유학을 가서 친척 집에 머무르며 학원을 다녔다. 지금도 기억하는 사람들이 있을 텐데 '범일학원(나중에 '부산학원'으로 이름이 바뀜)'이라는 부산 최고의 입시학원으로 상위권 대학에 수많은 합격생을 배출한 곳이었다.

입시학원 덕도 있었지만, 무엇보다 내 성적이 좋았던 데에는 사범학교 시험에서 낙방했던 경험이 큰 역할을 했다. 세상에는 날고 기는 사람들이 많다는 것을 깨달았고, 무엇을 하든 내 생각보다 몇 배 더 노력해야 목표를 이룰 수 있다는 것도 배웠다. 남들이 10개의 단어를 외우면 20개를 외웠고, 남들이 1시간 동안 복습하면 2시간, 3시간을 복습했다. 남해의 작은 학교에서 그 정도 노력을 해야 전국의 또래 학생들과 견줄 수 있으리라는 것을 알았던 것이다.

어머니께 의과대학에 들어가겠다고 말씀드렸다. 내심 사범대학에 떨어졌으니 그보다 더 어려운 곳에 들어가야겠다는 승부욕도 있었고, 허리가 된통 아파 고생한 것을 떠올리며 아픈 사람을 치료해 주는 의사가 되면 어떨까 하는 생각도 들었다.

"남해 촌구석에서 의대에 지원한단 말이가? 지원했다가 떨어지모 또 어쩔라꼬 그라노?"

그 시절에도 의과대학은 들어가기 어려운 곳이었다. 전국에 서울대, 연세대, 가톨릭대, 이화여대, 수도의과대학 등 10여 곳에 의과대학이 있었고, 입학생에게 요구되는 학업 수준이 다른 과에 비해 훨씬 높았다. 어머니는 내 성적이면 서울 어느 대학도 다닐 수 있는데 괜히 의대를 고집하다가 낙방할까봐 걱정하셨다. 그런데 무슨 자신감인지 떨어질 것 같지가 않았다. 거듭 의과대학 지원을 고집부렸고

혹여 낙방하더라도 다시 의대에 진학을 하겠다고 마음먹었다.

노력은 결과를 배신하지 않는다고 했던가. 남들보다 덜 자고 몇 배의 시간 동안 공부에 매진한 덕에 예비고사와 본고사에서 높은 점수를 받을 수 있었다. 그리고 이전부터 목표로 했던 수도의과대학에 당당히 합격했다. 수도의과대학은 현 고려대학교 의과대학의 전신이 되는 학교로 전국에서 유일하게 의과대학을 단과로 운영하던 학교였다.

의대 합격 소식을 들은 아버지와 어머니는 매우 기뻐하셨다. 한 집에서 대학생 한 명도 나오기 어렵던 시절, 서울 소재의 의과대학에 떡하니 합격했으니 그 기쁨이 오죽하셨겠는가. 바닷가 작은 마을은 그야말로 잔치 분위기였다. 어머니는 몇 날 며칠 동안 음식을 만들어 동네 분들에게 대접하면서도 힘든 줄을 모르셨다. '그동안 마음 졸인 게 나뿐이 아니었구나' 하는 것을 새삼 느꼈다.

3
아버지의 마음으로

촌놈의 서울살이

나의 대학 입학에 맞춰 어머니와 동생들이 모두 서울로 상경하면서 본격적인 서울살이가 시작됐다. 아버지께서 성북구에 50평 즈음 되는 단층 주택을 마련해 주셨는데, 종로구 혜화동에 있던 대학 캠퍼스까지는 걸어서 30분 정도 되는 거리였다. 지금이야 서울 어디든 비싼 금싸라기 땅이지만, 그때만 해도 성북구 일대는 주변으로 한적한 농촌이 펼쳐진 외곽의 작은 변두리 마을이었다. 그래도 서울은 서울. 집터를 옮겨 보니 우물 밖 세상으로 나온 개구리가 된 듯했다.

그 시절 전화기는 소위 '백색전화'라고 해서, 웃돈을 줘야 간신히 구할 수 있었다. 그 귀한 전화기가 우리 집에 있었다. 이웃들의 전화 용무는 모두 우리집에서 이루어졌다. 뿐만 아니다. 우리 집은 과장을 조금 보태서 거의 여관이 되곤 했다. 남해의 이웃이나 친척분들이 서울에 취직 등 볼 일이 있을 때마다 우리 집에서 묵었다. 손님이 오시면 나와 동생들이 어머니 방으로 가서 비좁게 자는 한이 있어도 우리 방을 내어드렸다. 손님은 귀하게 대접하라는 것이 어머니의 신조였기 때문이다. 어머니는 손님들이 며칠을 묵든 밥이며 빨래며 이부자리까지 제 식구 일하듯 해 주셨다. 손님이 돌아갈라치면 얼마간의 차비도 보태주셨다. 그러다 보니 갈 곳이 있어도 으레 우리 집에서 머무는 분들이 많았다. 방을 내어주는 것도 모자라 차비까지 얹어주니 누군들 마다했을까. 누군가는 '있는 집안이라 인심이 후하다'고 말했지만, 어머니는 '돈을 아끼는 것보다 사람을 아끼는 것이 훨씬 많이 남는 일이다'라며 사람들에게 인색하게 대하지 말라고 당부하셨다. 지금 생각해도 어머니는 보기 드문 여장부셨다. 물론 그런 삶이 가능했던 배경에는 아버지의 든든한 지원이 있었지만.

진고개 신사의 첫사랑

　　　　　　　　　　1960년 즈음에는 명동성당 근처에 가톨릭성모병원이 있었다. 명동 입구 옆에서 가톨릭성모병원에 이르는 길에 고개가 하나 있었는데 그 고개 이름이 '진고개'였다. 가수 최희준이 부른 유행가 '진고개 신사'에서 말하는 '진고개'이기도 하다. 왜 갑자기 진고개 얘기를 하느냐 하면, 대학 시절 내 별명이 바로 '진고개 신사'였기 때문이다. 친구들이 일반 옷을 입고 보통 운동화를 신고 다닐 때, 나 혼자 아버지가 가져다주신 가죽 재킷과 가죽 구두로 한껏 멋을 부리다 보니 그런 별명이 붙은 것이다. 친구들은 내가 지나갈 때면 "미련 없이 내뿜는 담배연기 속에~ 아련히 떠오르는 그 여인의 얼굴을~ 별마다 새겨보는 아아 진고개 신사~" 하며 장난스레 노래를 부르곤 했다.

　　대학 입학 후 첫 축제가 열렸다. 학교 안은 사물놀이, 멋쟁이 선발대회 등을 보러 온 타 학교 학생과 동네 주민들로 인산인해를 이루었다. 나 역시 어느 때보다 한껏 멋을 부린 채 친구들과 축제 행사를 구경하고 있었다. 그런데 멀리 포크댄스 공연을 즐기는 사람들 사이에서 낯익은 얼굴 하나가 눈에 들어왔다. 친구와 나란히 앉아 박수를 치고 있는 그는 분명 경순이었다. 놀라움과 반가움에

얼른 경순에게로 달려갔다.

"경순이 니가 여기 어째 와 있냐?"

"광사 니는 여기 와 있는데?"

알고 보니 경순도 나와 같은 대학의 간호학교에 입학했던 것이다. 공부를 워낙 잘 하는 것은 알고 있었지만, 그 많은 학교들 가운데 나와 같은 곳을 다니고 있었다니.

하얀 원피스를 입고 머리에는 핀을 꽂은 경순의 자태는 영락없는 숙녀의 모습이었다. 한참을 고향 얘기로 수다를 떨다가 용기를 내어 영화를 보러 가자고 말했다. 타지에서 만난 고향 친구라는 반가움이 한몫했던 걸까. 학창 시절에는 말도 잘 안 받아주던 도도한 경순이, 그날은 웬일인지 나의 제안을 선뜻 받아들여 주었다.

종로 3가에 단성사라는 오래된 극장이 있었다. 지금이야 워낙 영화관이 많지만 그때만 해도 서울에서 영화를 볼 수 있는 곳은 피카디리, 서울극장, 명보극장, 단성사 정도밖에 없었다. 그날 경순과 나는 단성사에서 커크 더글러스(Kirk Douglas)가 주연을 맡은 〈스파르타쿠스(Spartacus)〉를 봤다. 로마 공화국에 맞서 대규모 노예반란을 이끄는 검투사에 관한 영화였는데, 사실 줄거리가 무슨 의미가 있었겠는가. 단성사 앞에서 팔던 풀빵과 군고구마를 나눠 먹으며 영화를 보던 그 시간이 그저 즐거웠을 뿐이다.

이후 경순과 나는 캠퍼스 커플이 되었다. 빡빡한 의과대학 수업 일정 중에도 틈틈이 교내를 함께 걸었다. 새침하기만 한 줄 알았던 경순은 야무지게 나를 챙겨 주었다. 같은 고향 출신으로 같은 고등학교와 같은 대학에 다녀서인지 몰라도 경순과는 마음과 말이 곤잘 통했다.

닭 잡는 의대생이 되다

의과대학에서의 수업은 이론도 중요하지만 실습이 매우 중요하다. 사람의 몸을 째고 꿰매는 경험이 손에 완전히 익어야 현장에서 제대로 된 치료를 할 수 있기 때문이다. 그런데 내가 의대를 다니던 시절은 환경이 열악하고 자원도 부족했다. 인체 해부를 할 때면 시체 한 구를 두고 열 명이 엉겨 붙어 실습을 진행해야 했다. 누구는 팔에서 살을 떼어 근육을 확인하고, 누구는 부위별로 뼈를 확인하고, 누구는 장기를 꺼내 보고, 누구는 머리뼈를 톱으로 잘라서 뇌를 열어보는 식으로 조금씩 역할이 나눠졌다. 학교에서의 해부만으로는 성에 차지 않았다. 그렇다고 없는 사체를 어디서 구해올 수도 없고… 답답해하던 차에 저녁 밥상에 올라온 삼계탕을 보았다. 어머니께서 몸보신을 시켜주신 다고 종종 닭을 삶아 주셨는데, 그날따라 그릇 안에 두 발이 묶인 채 누워있는 닭의 몸통을 보고 있자니 배를 갈라 장기를 보고 싶다는 생각이 들었다. 어린 시절 먹이를 먹지 못하던 닭을 잡아 목을 갈라 모이주머니를 꺼내 살린 일도 떠올랐다. '그래, 이거다!' 그날로 어머니께 생닭을 잡아다 달라고 말씀드렸다. 닭이 귀했던 시절이지만, 어머니께서는 두말 않고 시장에서 닭들을 사다가 털을 뽑아 주셨다. 그때부터 의료용 장갑도, 메스도 없이 맨손으로 부엌칼을 갖고 닭의 배를 갈랐다. 비위도 상하고 징그러웠지만 상관없었다. 슬슬 피부를 절개하고 꼬메는 감이 손에 익어갔다. 십여 여 마리 가까운 닭들을 해부하는 과정에서 나름의 담력도 길러졌다. 어느 날 지도 교수님께서 내 해부 실습을 지켜보시더니 '유 군은 손재주가 참 좋다'라며 외과 쪽으로 나갈 것을 권하시기도 했다.

부부의 연을 맺다

4년 정도 경순과의 연애를 이어오다가 의과대학 졸업 후 백년가약을 맺었다. 그때만 해도 중매로 결혼하는 사람이 많았다. 결혼은 인륜지대사로 당사자들뿐 아니라 집안과 집안이 만나는 일이기 때문에, 집안 어르신들이 평생의 배필로써 허락을 해야 결혼이 가능하던 시절이다. 그런데 나와 경순의 결혼은 누구도 뭐라 하는 사람이 없었다. 같은 고향에서 나고 자라 같은 고등학교와 같은 대학에서 공부했으니 누가 중매를 서도 이보다 더 맞는 배필을 구하기는 어렵다고들 했다. 요즘도 간간이 드는 생각이, 그때 부산사범대학 입학에 성공했다면 아내를 만나지 못했을뿐더러 의사도 되지 못했을 텐데… 하는 것이다. 그때는 실패라고 생각했던 일이 전화위복이 된 셈이니, 다시금 강조하건데 지금 겪는 일이 좋은 지 나쁜 지는 정말로 살아봐야 안다.

결혼식은 남해읍의 '남해예식장'에서 했다. 함께 대학을 다니던 친구 일곱 명이 기차와 배를 타고 먼 길을 달려와 주었다. 지금이야 KTX가 있어서 4시간이면 갈 수 있지만 그때는 서울역에서 남해까지 가려면 반나절 동안 기차를 타야 했다. 서울역에서 무궁화호를 타고 12시간 후에 여수역에 도착하면 기차가 터널을 지날 때 들어온 매연 때문에 코끝이 새까맣게 뒤덮일 정도였다. 그리고도 버스를 타고 남해 진목마을까지 몇 시간 동안 비포장도로를 달려야 했으니. 다들 어려운 처지였음에도 그 고생스러운 길을 마다하지 않은 것을 생각하면 지금도 가슴이 뭉클하다.

인연이라는 것이 참 묘하다. 현재 부평 한마음병원 원장인 유건일이라는 친구가 있다. 나와 같은 대학을 다니면서 성이 같았던 덕에 앞뒤로 나란히 앉으면서 친해졌는데, 그 친구가 내 결혼식에 왔다가 나의 처제를 보고 한눈에 반해 나와 동서지간이 됐다.

가장 친했던, 지금은 고인이 된 박용균이라는 친구도 있었다. 두산그룹의 초대 회장이자 OB맥주 사장인 박두병 회장의 조카였던 용균이는 어느 자리에 가든 으레 "OB맥주 주세요!" 하고 외쳤다. 혹시 그 시절 맥주를 너무 많이 마신 것이 병이 된 것일까, 그 친구는 고대 구로병원 산부인과 교수에서 고대구로병원장까지 지낼만큼 영특했지만 안타깝게도 젊은 나이에 대장암으로 세상을 떠났다.

뜻밖의 이별

결혼 후 아내는 어머니와 시동생들을 모두 뒷바라지하면서도 야무지게 살림을 챙겼다. 어머니께서 집안 살림을 조금 유연하게 하신 반면, 아내는 허투루 나가는 지출이 없는지 꼼꼼하게 점검했다. 나는 그전까지 아버지께서 보내주시는 돈으로 부족함 없이 살았기 때문에 재산 관리에 대해 크게 고민해 본 일이 없다. 그러나 아내는 달랐다. 내가 의사생활에 전념하는 동안 집안 살림과 재산을 철저히 관리했다. 훗날 유광사산부인과가 잘 운영된 데에도 아내의 그런 철두철미한 성격이 큰 몫을 하지 않았나 싶다.

막 신혼생활을 시작할 무렵 뜻밖의 비보가 날아들었다. 동경에 계신 아버지께서 심장마비로 세상을 떠나셨다는 연락이었다. 결혼식 때만 해도 평상시와 다름없이 건강한 모습이었기에 믿기지 않았다. 직접 봐야 실감이 날 것 같았다. 하지만 해외 이동이 자유롭지 않던 그때, 군대를 다녀오지 않은 남자는 외국으로 나갈 수도 없던 시절이었다. 아버지가 돌아가셨음에도 군대에 다녀오지 않았다는 이유로 나의 일본 출국은 허락되지 않았고 결국 어머니 혼자 일본에 가서 아버지 유해를 가져오셨다.

크고 장대하던 아버지가 한 줌의 유해가 되어 돌아오신 것을 보자 가슴이 먹먹했다. 평생 나와 가족들을 먹여 살리기 위해 밤낮없이 일만 하신 아버지께 효도 한번 못 해드렸다는 생각에 죄송스러웠다. 나중에 들은 이야기이지만 내가 의과대학에 합격하자 아버지께서 "우리 광사 의대 졸업하면 내가 병원 차려줄 거다. 그래서 더 열심히 돈 벌어야 된다"라고 말씀하셨다고 한다. 평생을 타지에서 고생하시면서도, 자식들을 위해 뭐라도 하나 더 해주시려던 아버지. 지금 내가 자식과 손주들에게 하나라도 더 남겨주고 싶은 간절한 마음이, 우리 아버지의 그 마음과 같을 것이다.

어떤 의사가 될 것인가

육군과학수사연구소라는 곳이 있었다. 군 내에서 발생하는 사건 사고를 과학적으로 분석하는 기관이다. 쉽게 말해 전국의 군부대에서 누군가 갑작스럽게 사망할 경우(병원에서 사망하는 경우 제외) 그 변사자를 부검해 사인을 밝히는 일을 하는 곳이다.

아버지가 돌아가시고 얼마 뒤 군의관으로 임관하면서 육군 본부 내 과학수사연구소에서 군생활을 시작했다. 장교 신분으로 출퇴근을 할 수 있다는 점도 좋았지만, 지방이 아닌 서울에서 군생활을 했다는 점에서 꽤나 운이 좋았다는 생각이 든다.

육군과학수사연구소 소속 군의관에 대한 대우는 특별했다. 사건이 발생해서 현장을 방문하면 사단장이나 군단장 같은 지휘관이 타고 다니는 1호차를 보내줄 정도였다. 군 내 사망자의 사인을 밝힐 중요한 임무를 갖고 온 것이니 특별 대우를 해주는 것이다.

한번은 논산훈련소에서 군인 한 명이 사망하는 일이 발생했다. 사인을 밝히기 위해 논산으로 내려갔는데 어디서 많이 본 친구 하나가 쏜살같이 달려와 경례를 하는 것이 아닌가. 자세히 보니 황관선이라는 대학 동기였다(그는 현재 우리 병원 근처에서 황외과의원을 운영 중이다). 마침 그 친구도 논산훈련소에서 의무과장으로 근무하던 중이었다. 얼마나 군기가 바짝 들었는지 내 얼굴도 몰라보고 굳어 있길래 "친구야, 나야!" 하니까 그제야 놀라 웃던 기억이 난다.

3년간의 군 생활은 초짜 의사인 내게 실로 큰 공부가 됐다. 사고로 급작스럽게 유명을 달리한 사체를 대하는 것은, 의과대학에서 해부학 실습을 할 때의 마음과는 전혀 달랐다. 죽음을 해부하는 일은 망자를 치료하는 것과 같다. 때로 작은 실수로 중요한 단서를 놓칠 수 있고, 그로 인해 누군가에게 평생 씻을 수 없는 상처를 남길 수도 있다. 그래서 산 사람을 치료하는 것 이상의 숭고한 마음으로 부검을 해야 한다. 나는 이 기간 동안 망자에게 베풀 수 있는 최선의 치료를 배웠고, 그 과정에서 '앞으로 어떤 의사가 될 것인가'에 대해 많은 고민을 했다. 인간의 삶과 죽음, 그 경계에서 의사의 역할은 무엇일까 하는 것 말이다. 그처럼 '죽음'에 대해 진지하게 관찰했던 시절이 있었기에, 생명 탄생의 최전선을 지키는 산부인과 의사로서의 소임에 더 감사함을 느끼고 살았던 것은 아닐까 싶다.

1 고려대학교 의과대학 의학사 학위 수여 당시(1969년 2월)
2 고려대학교 간호학과에서 진행된 나이팅게일의식에 참여한 아내의 모습
  (붉은 색 동그라미_1963년 9월 20일)

3

4

---

3 결혼식 당시 가족들과(1969년)
4 결혼식 당시 친구들과(1969년)

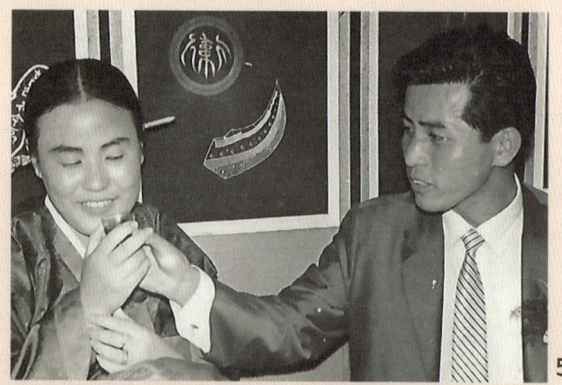

5 결혼식 후 폐백 모습(1969년)
6 아내와 함께
7 장모님(처갓집 뒤뜰에서)

8   결혼식 날 처갓집 뒤뜰에서 찍은 아내 사진(1969년)

군 입대 후 훈련병 시절(붉은 색 동그라미 표기된 인물이 본인)

둘. "생명의 시작, 그 곁에서"

아버지의 땀, 어머니의 혜안, 아내의 내조를 딛고 선
유광사산부인과는 시설 좋고 진료 잘하는 병원으로 입소문이 났고
강서구를 대표하는 산부인과로 자리매김하기 시작했다.

1
산부인과 의사가 되다

평생의 천직

군의관 생활을 하는 동안 딸 하나 아들 하나를 얻으면서 두 아이의 아버지가 됐다. 아기가 태어나면 많은 기쁨과 행복이 주어지지만, 앞으로는 가족을 위해 살아야 한다는 막중한 책임감도 지게 된다. 늘 아버지에게 받기만 하는 아들로 살다가, 난생처음 내 자식들을 위해 무언가를 줄 수 있는 아버지가 돼야 한다는 생각에 어깨가 무거웠다. 비로소 아버지의 무게를 느낀 것이다.

제대 후 어느 병원에서 수련의 생활을 할지 결정할 시간이 왔다. 의과대학을 나온 학생들이 가장 원하는 것은 첫째, 자신이 다녔던 대학의 전공의가 돼서 교수로 임용되는 것이었고 둘째, 고려병원에서 수련의 생활을 하는 것이었다. 고려병원은 현재 종로구 새문안로에 있는 강북삼성병원의 옛 이름이다. 삼성그룹이 세우고 운영했기 때문에 대학병원 못지않은 설비를 갖추었고 병상도 200개나 됐다. 의사에 대한 대우도 괜찮았기에 의과대학 졸업생들에게 인기가 좋았다.

대학에 남을 수 없는 상황에서 진로를 고민하던 차에 황관선이라는 친구에게서 전화가 왔다. 앞서 군의관 시절에 논산훈련소에서 만났던 바로 그 친구다. 관선이는 자신이 고려병원 외과에서 근무하게 됐다면서 마침 그 병원에 산부인과 자리가 하나 나왔는데 지원해 보지 않겠느냐고 물었다. 당시는 산부인과의 인기가 매우 높았다. 아기를 많이 낳던 시절이었기 때문에 의사로서 메리트도 높았다. 그때까지 나는 산부인과 의사가 되겠다는 생각을 해 본 일이 없었다. 손재주가 좋았기에 외과 의사가 적성에 맞겠다고 짐작할 뿐이었다. 그런데 친구의 연락을 받는 순간, 나도 모르게 "어, 그래. 고맙다. 지원해 볼게" 하고 답했다. 시설 좋은 병원에 자리가 나왔다니 무조건 들어가야겠다는 마음도 있었고, 한편으로는 나의 꼼꼼한 성격과 손재주가 산부인과 수술에 잘 맞을 수 있겠다는 생각도

들었기 때문이다. 살다 보면 말이나 논리로 설명할 수 없는 예감이라는 것이 있다. 왠지 산부인과가 잘 맞을 것 같았던 그 예감은 나를 평생의 천직으로 이끌었다.

군대보다 혹독했던 수련

고려병원 산부인과 분만실에 처음 발을 내디뎠던 날을 잊을 수가 없다. 오랜 시간 이어진 진통 끝에 자궁문이 열리고 태아가 밖으로 나오는 모습은 말로 형용할 수 없는 신비 그 자체였다. 하루를 꼬박 고통스럽게 신음하던 산모의 얼굴이 비로소 평안에 드는 모습은 사람의 일생을 단면적으로 보여주는 것도 같았다. 그런데 분만실에는 환희와 축복만 있는 것이 아니었다. 산모는 진통의 고통으로 울부짖었지만, 수련의들은 다른 이유로 눈물을 훔쳐야 했다.

사람이 태어날 때 가장 먼저 만나는 것이 산부인과 의사다. 옛날에야 집에서 산파가 아기를 받았지만 요즘은 거의 모든 산모가 산부인과에서 아기를 낳으니까 산부인과 의사는 생명 탄생의 가장 시작점에 서 있는 셈이다. 그러다 보니 분만실은 어느 진료실보다 급박하게 돌아가며 긴장감은 늘 최고조였다. 아기를 출산하는 산모의 건강뿐 아니라 신체적으로 취약한 아기의 목숨을 지키는 일에 있어 한 치의 실수도 용납되지 않는다. 때문에 만약 인턴이나 레지던트들이 실수할 경우 수시로 욕지거리를 듣거나 발길질을 받아야 했다. 당시 산부인과 과장님은 매우 훌륭한 의사셨지만 한편으로는 수련의들의 실수에 대해 조용히 넘어가는 법이 없는 호랑이 같은 분이셨다. 분만 중에 조금만 실수를 하거나 행동이 굼뜨면 바로 욕이 쏟아지고 발이 날아왔다. 나도 예외가 아니어서 과장님이 요구하는 것을 한 번에 수행하지 못해 수시로 발에 채이곤 했다.

과장님이 회진을 돌 때는 레지던트 4년 차가 따라다니며 "201호 환자는 제왕절개 한 지 이틀 됐고, 가스가 나와서 오늘 식사 주기에 들어갔습니다"라는 식으로 보고를 해야 하는데 그 보고를 잘 못해도 욕을 듣거나 맞아야 했다. 어떨결에 회진에 따라나선 어느 날, 손이 빠르고 눈치가 있던 덕에 과장님의 까다로운 질문에 답을 잘 준비했고 그 덕에 욕설을 피할 수 있었다. 그러자 레지던트 선배들이 이제 막 레지던트 1년 차가 된 나를 과장님의 지정 레지던트로 고정시켰고, 울며 겨자 먹기로 그 혹독한 시간들을 감당해야 했다.

군의관 시절 서울에서 출퇴근하며 남들은 훈련복을 입고 땅에서 구를 때 혼자 정복 입고 사단장 차를 타면서 '나는 참 운이 좋다'라고 생각한 일이 있다. 세상에 공짜는 없다고 했던가. 서슬 퍼런 과장님의 비위를 맞추는 것은 군대 훈련보다 훨씬 더 가혹한 것이었다.

삼다(三多) 삼무(三無)

야간 분만은 그야말로 초비상이었다. 자궁문이 열린 정도를 확인해서 아기가 나올 것으로 판단되면 급히 과장님을 모셔오는 것이 당직 수련의의 주된 임무였다. 통행금지가 있던 시절이라 밤중에 교통수단이 따로 없었기에, 과장님은 아기가 곧 나올 거라는 연락을 받으면 병원에서 보낸 앰뷸런스를 타고 급히 달려오시곤 했다. 그런데 과장님이 도착한 후에도 아기가 몇 시간이나 더 있다가 나오는 경우가 있었다. 똑같이 자궁문이 5cm가 열려도 아기가 바로 나오는 경우가 있는 반면, 한참 뒤에 나오는 경우도 있기 때문이다. 그런 날은 "아직도 애가 언제 나올지를 가늠하지 못하냐!"라며 또 엄청난 욕을 들어야 했다.

흔히 제주도를 돌 많고, 바람 많고, 여자가 많아 삼다(三多)라고 하고, 도둑 없고, 거지 없고, 대문이 없다고 해서 삼무(三無)라고 한다. 그런데 의과대학의 수련의 생활 역시 삼다(三多) 삼무(三無)에 비유할 수 있다. 삼다는 환자가 많고, 일이 많고, 스트레스가 많다는 뜻이고 삼무는 잠잘 시간이 없고, 밥 먹을 시간이 없고, 쉬는 시간이 없다는 뜻이다. 때로는 내가 왜 이렇게 살아야 하나 싶을 정도로 고되지만 그만큼 많은 것이 쌓이는 시간이기도 하다. 반면

인턴이나 레지던트 시절 직접 수술을 집도하는 기회를 갖는 것은 하늘의 별 따기다. 사람의 목숨이 달린 일이니 웬만해서 수련의들에게 수술을 맡기지 않는다. 나 역시 레지던트 4년 차가 돼서야 한두 차례 아기를 받아보고 제왕절개를 진행할 수 있었다. 그럼에도 수련의 시절 많은 공부가 됐던 것은 바로 과장님이 혹독한 트레이닝 덕분이었다. 말 한마디라도 실수가 나올까봐 매 순간 눈에 불을 켜고 과장님의 말씀 하나, 손짓 하나를 머리에 익혔고 언제 날아올지 모를 질문에 답을 하기 위해 수술이 끝나고도 환자의 회복 과정을 머릿속으로 쉼 없이 새기고 또 새겼다. 제왕절개 후에도 과장님이 피부를 어떤 식으로 꿰매는지 한 땀 한 땀 놓치지 않으려 집중해서 보았다. 그런 시간이 쌓여 수련 생활을 마칠 즈음에는 산모의 분만과 수술을 직접 집도할 수 있다는 자신감이 자리 잡았다.

무의촌을 찾아가다

1970~80년 대에는 공중보건의 제도라는 것이 있어서 의사들이 레지던트 수련 중에 무의촌이나 의료 인프라가 부족한 농어촌 지역에서 6개월 이상 근무를 해야 전문의 시험을 치를 자격이 주어졌다. 서울이나 수도권을 제외하면 작은

의원 하나 없는 동네가 대부분이던 시절, 이러한 제도를 통해 의료 불균형을 해소하기 위함이었으리라.

나는 전라남도 완도군 금일면에 공중보건의로 배정을 받았다. 금일면은 녹동이라는 전라남도의 작은 읍에서도 1시간 정도 배를 타고 더 들어가야 나오는 까마득한 곳이었다. 생각보다 먼 곳으로 가게됐다는 생각에 암담했지만, 전문의 시험을 치르려면 어쩔 도리가 없었다. 한창 유치원에 다니던 아이 둘을 어머니께 맡겨 둔 채 아내와 단둘이 금일면으로 향했다. 울며 겨자 먹기로 내려간 나와 달리 금일면 사람들은 나를 무척 반겼다. 의사가 없는 마을에 그것도 귀한 산부인과 의사가 내려왔다며 너도 나도 환영 인사를 건넸다.

임산부들은 수시로 태아의 발육 상태를 가늠하고 임신중독증이나 빈혈 같은 합병증도 잘 살펴야 한다. 그러나 변변한 의사 한 명 없는 곳에서 임산부가 주기적으로 검진을 받는다는 것은 꿈도 못 꿀 일이었다. 사정이 그러하니 임산부가 아닌 사람들은 자궁 질환이나 감염으로 고통을 받아도 원인도 모른 채 병을 키워야 했다.

마침 그곳에 사는 군 위생병 출신 조수 한 명을 데리고 다니며 하루 종일 환자들을 진료했다. 배가 남산만 하게 불러 분만을 코앞에 둔 임산부부터, 유산 환자, 자궁내막증 환자까지 많은 사람들이 꼭두새벽부터 보건지소를 찾아왔다. '내가 안 왔다면 이 사람들은 어떻게 했을까?' 싶을 정도였다. 아닌 게 아니라 그전에는 산모가 분만할 때가 되거나 어떤 문제가 생기면 한 시간 거리에 있는 육지인 녹동의 큰 병원으로 갔다고 했다. 그런데 내가 온 이래로 가까운 곳에서 아기를 낳고 자궁수술도 받을 수 있으니 사람들은 여간 편한 것이 아니었다.

위기의 순간도 있었다. 한번은 임산부가 진통이 와서 아기를 낳으려는데, 아기의 왼팔 하나가 먼저 나와 버린 것이다. 정상적이라면 머리부터 나오는 것이 맞고, 간혹 다리부터 거꾸로 나오는 아이도 있지만 한쪽 팔만 먼저 나오는 일을 매우 드물고 위험했다. 지체 없이 바로 육지인 녹동의 큰 병원으로 후송을 결정하면서 그냥 보내는 것이 마음에 걸려 함께 따라갔다. 다행히 아기는 무리 없이 세상에 나왔고 산모도 건강했다. 피가 안 통해서 마비될 줄 알았던 아기의 왼팔도 정상으로 회복됐다. 환자와 보호자는 급박한 상황에서 내가 동행해 준 것만으로 마음에 큰 위로가 됐다며 연신 감사의 인사를 했다.

언젠가부터는 부인과질환과 관련 없는 사람들도 나를 찾기 시작했다. 어깨가 아프다, 배가 아프다, 무릎이 결리다… 진료 분야와 상관없이 몸에 조금만 무리가 오면 찾아와 하소연을 했다. 그때 깨달았다. 사람들은 몸이 아플 때뿐 아니라 말 상대가 필요해도 의사를 찾는다는 사실을. 때로는 들어 주는 것만으로도 아픔이 치료되는 법이기에, 찾아오는 환자들의 사사로운 얘기들을 하릴없이 들어주곤 했다.

마을 사람들은 바다에서 실한 낙지나 물고기가 잡히면 으레 내게 가져왔다. 고맙다고 거저 주는 사람들도 있었고, 내가 서울서 왔으니 좋은 음식을 잘 먹을 거라 생각해 팔려고 가져오는 사람들도 있었다. 6개월 새 금일면의 주치의이자 말동무, 귀한 손님이 되어 가고 있었다.

부임한 지 6개월이 지나 전문의 시험을 치를 자격이 주어졌지만 발길이 쉬이 떨어지지가 않았다. 내가 떠나면 이곳 사람들은 다시 병원을 가기 위해 먼 길을 이동해야 한다. 하지만 서울에서 목을 빼고 엄마 아빠를 기다리는 아이들을 그냥 놔둘 수도 없는 노릇이었다. 결국 고민 끝에 서울로 떠날 준비를 시작했다.

내가 떠난다는 소식이 알려지자 마을 사람들이 팔을 걷어붙이고 달려왔다. 가시면 안 된다고 제발 여기 남아달라고 부탁했다. 내가 떠나지 않게 해달라고 전라남도청에 민원을 넣은 사람도 있었다. 그러나 어쩔 도리가 없었다. 그렇게 정들었던 금일면 사람들과 아쉬운 이별을 하게 됐다.

이제는 금일면도 제법 커져서 곳곳에 크고 작은 병원들이 생겼다고 들었다. 교통수단도 좋아졌으니 의사가 없어서 곤란을 겪는 일도 없으리라. 그럼에도 이따금 새내기 의사에게 자신의 모든 이야기를 털어놓으며 기대던 마을 사람들의 모습과 함께 그때 그 사람 냄새가 퍽 그립기도 하다.

유광사 산부인과를 짓다

"유 군은 그럴 줄 알았어."

1978년 3월 11일, 서울시 강서구 화곡동 부지에 유광사 산부인과를 개원하자 고려병원(현 강북삼성병원) 원장 겸 산부인과 과장님이 찾아오셨다. 수련의 생활을 마치자마자 바로 병원을 개원한 내게, 그럴 줄 알았다며 축하의 인사를 건네주셨다.

내 병원을 짓겠다고 다짐한 것은 레지던트 4년 차를 지낼 무렵이었다. "우리 아들 의대 졸업하면 병원 하나 지어줄 거다"라고 하신 아버지의 말씀이 유언처럼 남았던 것 같다. 어느 대형병원 못지않게 크고 좋은 병원을 만들어서 많은 환자들을 진료하는 것이 아버지의 유산을 값지게 쓰는 일이라고 생각했다.

첫 병원의 터는 어머니께서 잡아 주셨다. 이곳저곳 위치를 알아본 결과, 큰 산부인과를 운영하기에 화곡동이 적당하다고 판단하신 듯하다. 바쁜 수련의 시절 공사 현장을 직접 가볼 수가 없어서 아내가 현장을 점검했고 그 상황을 전화로 전해 들었다. 그렇게 화곡동 땅 100평 부지에 3층짜리 유광사산부인과의원이 지어졌다.

지금은 번화가가 됐지만, 그때만 해도 화곡동은 아스팔트조차 깔려 있지 않은 허허벌판이었다. 한번은 버스가 병원 앞을 지나가는데 큰 돌이 튀어서 병원 1층 유리를 깨 버린 일도 있다. 내가 놀라서 달려 나갔지만 먼지가 어찌나 심하던지 번호판을 알아볼 수 없었다. 마침 뒤따라 온 같은 회사 버스의 번호판을 확인해 연락을 취하자 그 회사에서 병원 유리를 갈아주었다.

    그만큼 도로 사정은 척박하고 매연도 심했지만 많은 산모들이 우리 병원을 찾았다. 주변에 그 정도의 시설과 입원실을 갖춘 산부인과가 드물었기에 많은 산모들이 먼 길을 마다하고 찾아온 것이다. 그렇게 아버지의 땀, 어머니의 혜안, 아내의 내조를 딛고 선 유광사 산부인과는 시설 좋고 진료 잘하는 병원으로 입소문이 났고, 강서구를 대표하는 산부인과로 자리매김하기 시작했다.

1 고려대 의학박사학위 수여식에서(1979년 2월)
  (아내와 서울에 사는 나와 아내의 고등학교 동창들이 축하를 위해 함께해 주었다)
2 고려대 의학박사학위 수여식에서 동문들과
3 의학박사 학위 수여식에서 아내와 딸, 아들이 함께한 모습

2
노력을 넘어서는 노력으로

개인의 삶을 포기하다

아기가 세상으로 나올 때는 시간을 가리지 않기 때문에 산부인과 의사는 늘 환자 볼 준비가 돼 있어야 한다. 초기 유광사 산부인과를 지을 때 1층에 외래진료실, 2층에 입원실, 3층에 가정집 이렇게 총 3개 층으로 지은 것은 24시간 언제라도 환자 볼 준비를 하려는 뜻이었다. (병원을 확장 이전한 이후 지금까지도 나는 병원에서 10분 거리에 살며 늘 대기하는 마음으로 생활한다.)

개업 후 한밤중이나 새벽에 급히 병원을 찾는 산모가 늘면서,

잠을 잘 때도 와이셔츠에 넥타이를 느슨하게 메고 잤다. 앰뷸런스가 와서 벨을 누르면 뒤척일 것도 없이 자리에서 일어나 세면대에서 머리에 물만 묻히고 분만실로 내려갔다. 산모가 밤새 달려왔는데 의사가 옷을 너저분하게 입고 잠에서 덜 깬 모습으로 서 있으면 얼마나 불안하겠는가. 언제 어느 때 산모가 와도 늘 셔츠에 넥타이, 그리고 흰 가운을 갖추어 맞이한 것은 의사로서 최소한의 예의였다. 아내 역시 밤중에 벨이 울리면 나가서 문을 열어 주고 바로 2층 숙소로 달려가 간호사를 깨운 뒤 분만 준비를 도왔다. 1분 1초도 지체할 수 없는 분만실은 그렇게 늘 스탠바이 상태를 유지했다.

밤새 분만을 하다 보면 수면 시간이 부족할 수밖에 없다. 하지만 밤을 꼬박 새운 날에도 다음날 아침 8시 30분이면 흰 가운을 입고 진료실에 앉았다. 또 다른 환자가 기다리고 있기 때문이다. 휴식은커녕 밥 먹을 시간도 없이 종일 진료에 매진했다. 어느 때는 한 달에 400명에 가까운 아기를 받은 적도 있다. 몇 년 뒤 지역 행사 자리에서 만난 강서구청장이 말하기를 "강서구의 아기 중 80%는 유 원장님이 받았을 겁니다"라고 할 정도였다. 출생신고서에 아기가 태어난 장소를 기록하던 구청 직원이 "우리 동네 아기들은 전부 유광사 산부인과에서 태어납니다"라고 했다는 것이다. 근처 선왕주내과의원 간호사가 친구인 우리 산부인과 간호사에게 말하기를 "야, 너네 원장님 철인인지 허벅지 한번 만져봐라. 돌덩이처럼 단단할 거다"라고도 했더랬다. 도대체 어떤 체력이길래 하루도 쉬는 날이 없이 환자를 돌보냐는 의미였다.

    온종일 그렇게 일만 해서 무슨 낙이 있냐고 묻는 사람들도 있었지만, 나에게는 환자를 보는 것이 취미요 낙이었다. 며칠 휴양이라도 다녀올까 싶다가도 나를 보고 찾아오는 환자들이 눈에 밟혀 가지를 못했다. 최근 들어서야 딸아이가 제발 좀 쉬시라며 밀어붙이는 통에 아내와 한두 번 여행을 다녀오긴 했지만, 이전까지 내가 해 본 여행이란 아들이 하버드 대학 연수를 위해 미국에 머무를 때 손주들이 너무 보고 싶어서 미국에 닷새 머무른 것과 집안 어르신을 뵈러 일본에 며칠 방문한 것, 태국을 거쳐 홍콩에 가본 것이 전부였다. 그 외에 내게 주어진 모든 시간은 오롯이 환자들에게 쏟아부었다. 누군가 내게 성공 비결이 뭐냐고 물을 때마다 '남들 하는 만큼으로는 부족하다', '더 열심히 노력하고 더 성실해야 한다', '내가 할 수 있다고 생각하는 그 이상을 해라'라고 답하는 것은 내가 정말로 그렇게 살았기 때문이다. 다른 사람보다 이른 시간에 자리에 앉아 환자를 기다리고, 한밤중 언제라도 환자 만날 준비를 하며 잠에 들었던 시간들이 없었다면 결코 아버지의 유산을 지켜낼 수 없었을 것이다. 남들 놀 때 같이 놀고, 남들 잘 때 같이 자면 그저 보통 사람에 머무를 뿐이다. 자녀들에게도, 손주들에게도 늘 말한다. '이 정도면 되겠지'

가 아니라, '이보다 더'라는 마음으로 최선을 다하라고.

실력 좋은 산부인과 의사

　의사는 환자를 '많이' 보는 것도 중요하지만, '잘' 보는 것이 훨씬 중요하다. 산모의 건강과 태아의 발육 상태를 확인하고, 진통이 시작된 산모의 아기가 언제 나올 것인지, 언제 수술에 들어갈 것인지를 파악하는 과정에서 한 시도 긴장의 끈을 놓은 적이 없었다. 고려병원 수련의 시절, 산모의 상태를 잘못 판단하거나 사소한 것 하나라도 놓칠 경우 가차 없이 날아들던 발길질 덕에 무엇이든 깐깐하게 확인하는 습관이 몸에 밴 것이다.

　때로는 산모와 아기, 두 사람(쌍둥이인 경우 그 이상)의 건강을 동시에 책임지는 과정에서 뜻밖의 어려움을 만나기도 한다. 사람이 탄생하는 일에 있어 이론과 지식이 모든 것을 다 알려주지는 않기에, 어떤 순간에는 온전히 의사인 나의 개인적 경험과 판단에 모든 것을 맡겨야 하는 일도 있다. 그럴 때면 막중한 책임과 부담감에 시달리고 정신적으로 지치기도 하지만, 그럼에도 건강하게 잘 태어난 아기를 마주하면 그간의 고뇌이 눈 녹듯 사라지곤 한다.

　타고난 꼼꼼함과 손재주 역시 산부인과 의사인 내게 큰 장점이 됐다. 산부인과에서는 분만뿐 아니라 제왕절개수술이나 부인과 수술이 자주 시행된다. 요즘은 복강경 수술이 개발되면서 작은 구멍 3개를 뚫어 혹을 제거하거나 로봇으로 최소침습수술을 하기도 하지만 예전에는 대부분의 경우 개복수술을 시행했다. 의사의 기술과 경험, 숙련도가 수술 결과에 고스란히 반영되기 때문에 어떤 의사가 수술했는가에 따라 환자의 회복에도 많은 차이가 났다. 한 번은 내게 제왕절개수술을 받은 환자가 찾아와 "원장님이 꿰메 주신 게 예쁘더라고요"라고 말 한 일이 있다. 얘기인즉, 환자가 여의도에 사는 친구와 우연히 목욕탕에서 만나 서로의 수술 부위를 비교해 봤는데, 내게 수술받은 환자의 수술 자국이 다른 사람이 수술한 것 보다 2cm 정도 적게 절개하여 흉터도 적고 덜 아프더라는 것이다. 자신들이 봐도 차이가 큰지라 내 수술 기술이 아주 좋다고 칭찬했다는 말을 전했다. 의과대학 재학 시절 여러 마리의 닭으로 절개와 봉합을 연습했던 효과가 나오는구나 싶어 웃었던 기억이 난다.

의사의 숙련도는 환자의 몸과 마음에 오랜 흔적을 남긴다. 별것 아닌 듯 보이는 봉합 자국도 환자에게는 매우 중요한 영향을 끼칠 수 있다. 그 일을 통해 의사는 치료 과정 전반에서 완벽을 기해야 한다는 교훈을 다시금 새겼다.

오직 환자를 위한 병원으로

개원 초기 교통이 척박하던 시절에도 강서구를 비롯해 마포와 김포 일대의 많은 산모들이 유광사 산부인과를 찾았다. 거기에는 분만과 제왕절개 수술을 잘 한다는 입소문과 함께 최상의 시설과 규모를 갖춘 병원이라는 이유도 있었지만, 환자들의 입장을 세심하게 고려했던 병원 운영 원칙도 큰 몫을 했다. 내가 병원을 운영함에 있어 고수한 3가지 원칙은 다음과 같다.

첫째는 '다른 병원보다 일찍 시작하고 늦게까지 진료를 본다'는 것이다. 8~90년대 들어 직업을 갖는 여성들이 늘면서 환자들이 산부인과에 방문할 시간이 부족했다. 때문에 우리 병원은 외래진료 시간을 아침 8시부터 저녁 9시까지 열어 놓았다. 직장 생활을 하는 여성들이 시간에 구애받지 않고 진료를 받도록 하기 위함이었다.

둘째는 '병원 시설에 대한 투자를 아끼지 않는다'는 것이다. 1990~2000년대 초만 해도 다른 산부인과에는 특실에만 자동침대를 설치했지만, 나는 모든 입원실에 자동침대를 설치해서 산모들이 침대에 마음대로 올라가고 내려갈 수 있게 했다. 우리 병원을 찾는 모든 엄마들이 차별받아서는 안 된다는 생각에, 비용이 많이 들어간다는 주변의 만류에도 불구하고 내린 결단이었다. 또 입원실마다 화장실을 설치해 산모들이 편하게 일을 볼 수 있도록 했다. 그 밖에도 병원 수입의 상당 부분은 병원에 재투자했다. 병원을 찾는 환자들이 늘면서 건물을 증축한 것이 세 번에 이르고, 그마저 부족하다고 판단되어 근처에 큰 건물을 짓고 확장 이전한 곳이 현재의 병원이다. 이전 당시 병원 주변에 있던 주택 10여 채를 웃돈을 건네 가면서까지 힘들게 구입해서 주차장 부지로 활용한 것 역시 전적으로 환자들의 편의를 위해서였다.

셋째는 '편안한 병원 분위기를 조성한다'는 것이었다. 병원이 소독약 냄새를 풍기는 차가운 곳이어서는 안 된다는 아내의 조언에 따라 대기실을 산모가 안식을 취하는 공간으로 조성했다. 아내의 감각으로 수집한 다양한 미술 조각과 그림들을 병원에 전시하면서 진료를 기다리는 산모들이 편안함을 느낄 수 있도록 했다. '산모들의 불안한 마음을 위로하고 공감해 주는 병원'이 되기 위해 보이지 않는 부분까지 살피고 또 살폈다.

태교까지 신경쓰는 의사

누구나 다 아는 이야기이지만 태교는 정말 중요하다. 뱃속 아기는 엄마가 먹는 것뿐 아니라 듣는 것과 말하는 것, 그리고 정서적인 상태까지 모두 공유한다.

두 마리의 임신한 쥐를 대상으로 한 실험이 있다. 한 마리는 케이지에 넣고 아침저녁으로 시끄러운 소리를 들려주었고, 다른 한 마리는 조용한 분위기에 놔두었다. 두 쥐가 새끼를 낳았을 때 시끄러운 환경에 있었던 쥐의 새끼는 눈을 이상하게 뜨며 안절부절못했고, 조용한 환경에 있었던 쥐의 새끼는 차분하고 정상적으로 발육했다. 산모의 정서적 안정이 얼마나 중요한 지 여실히 보여주는 대목이다. "똑똑한 아기를 낳으려면 어떻게 해야 됩니까?" 하고 묻는 사람들에게도 내 대답은 한결같다. 영양가 있는 음식을 골고루 섭취할 것, 그리고 산모의 태교에 신경 써야 한다는 것이다. 머리가 좋은 것과 태교가 무슨 상관이냐고 반문할 수도 있지만, 일단 정서가 안정돼야 두뇌 회전도 잘 되고 사고력과 창의력도 발휘할 수 있다. 아무리 머리가 좋아도 마음이 불안하면 사회적으로 활용할 수 없다. 최근에는 아빠의 목소리가 태아의 정서 발달에 큰 역할을 한다는 연구 결과가 발표되면서 부부가 공동으로 태교에 공을 들이는 문화가 생겼다. 참으로 바람직한 현상이다.

솔직한 고백을 하나 하자면, 나는 내 아이들이 아내의 뱃속에 있을 때 아무런 태교도 해 주지 못했다. 의과대학 졸업 이후 군의관 생활을 하던 시기여서 신경 쓸 겨를도 없었거니와 그때까지만 해도 태교에 대해 잘 몰랐기 때문이다. 그래서 나를 찾아온 환자에게나

지역 강연 자리에서 '산모의 영양 상태와 더불어 정서적 안정을 위한 태교가 중요합니다'라고 강조할 때마다 마음 한구석에서 미안한 마음이 올라오곤 한다. 그래도 딸과 아들 모두 건강하게 태어나 자신의 몫을 잘 해 나가고 있으니 그 시절 홀로 아이를 잘 품어준 아내에게 그저 고마울 따름이다.

지금도 우리 병원 로비 한 켠에는 그랜드 피아노가 놓여 있다. 매주 4차례 첼로와 바이올린, 피아노 등 수준급의 연주자들을 섭외해 음악회를 진행했다. 모든 산모가 태교를 위해 짬을 내서 미술관이나 연주회를 갈 수는 없기에 진료를 기다리는 잠깐의 시간 동안 태교가 되기를 바라는 마음이었다. 누군가는 나를 가리켜 '산모의 태교까지 신경 쓰는 의사'라고 했지만, 건강하고 안정된 아기가 태어나도록 돕는 것이 산부인과 의사의 몫이라면, 그 정도 투자쯤은 대수가 아니라고 생각했다.

"선생님, 저는 돈이 없어요"

요즘은 국민건강보험제도가 잘 돼 있어서 일부 경우를 제외하고는 진료 시 환자들이 부담해야 하는 비용이

크지 않다. 하지만 1977년 처음 국민건강보험이 생겼을 때는 그 제도가 많이 미흡했다. 대기업 근로자들에게만 혜택이 주어져서 보통 사람들은 병원 진료비를 액면 그대로 감당해야 했다. 그때 화곡동은 서민들이 사는 동네였기 때문에 진료비가 부족한 사람들이 특히 많았다. 무작정 병원 원무 창구에 서서 돈이 부족하다고 호소하거나, 한밤중 응급실에 실려와 분만이나 수술이 끝난 뒤에 돈이 없다고 고백하는 경우도 있었다. 원무과 직원이 이런 얘기를 전해 오면 나는 "환자가 낼 수 있는 만큼만 받아라"라거나 형편이 너무 어려운 환자에게는 "돈을 받지 말라"라고 지시했다. 의사 입장에서 진료를 거부하는 것은 있을 수도 없는 일이거니와, 의사이기 이전에 두 자녀의 아비로서 산모와 아기가 돈이 없어서 잘못되는 것을 원치 않았기 때문이다. 기록을 남기는 것조차 그들에게 부담이 될 것을 알았기에 외상장부도 만들지 않았다. 그런데 무상으로 치료받았던 환자들이 나중에 다른 환자들을 데려와 소개해 주기도 하고, 병원의 경영지침을 좋게 보고 일부러 멀리서 찾아오는 환자들도 생겼다. 좋은 뜻으로 행한 일에는 늘 좋은 보답이 따른다는 것을 배웠다.

불임의학연구소와 산후조리원, 소아과까지...
보건복지부 지정 '산부인과 전문병원',
'의료기관평가인증병원'이 된 유광사여성병원

1978년 개원 이래 약 20여 년 동안 '강남 지역에는 차병원이 있고, 강서 지역에는 유광사 산부인과가 있다'라는 말이 나올 만큼 우리 병원은 지역을 대표하는 산부인과로 자리매김했다. 하지만 출산 문화가 빠르게 변하고 여성 질환의 개념이 복잡해짐에 따라 유광사 산부인과가 한 차원 더 높은 수준으로 도약해야 한다는 목소리가 대두됐다. 오랜 기간 숙려한 끝에 지금의 자리로 터를 옮겨 연면적 6,700m²의 대지 위에 본관을 새로 신축하고 개인 병원으로서는 보기 드물게 98병상을 갖추었다. 신관에는 불임의학연구소, 산후조리원, 소아청소년과도 신설했다. 이로써 2001년, 유광사 산부인과는 마침내 유광사여성병원으로 탈바꿈했다.

보건사회부(현 보건복지부)에서 산아제한정책을 펼치던 시절이 있었다. 6·25 전쟁 이후 인구가 빠르게 늘고 사회적 빈곤이 문제시 되면서 국가가 나서서 인구를 억제한 것이다. 사람들 역시 자녀 수를 줄이고 삶의 질을 높여 주는 것이 더 좋다고 생각했다. TV와 신문에는 "아들딸 구별 말고 둘만 낳아 잘 기르자"는 광고가 실렸고 정부가 앞장서 피임문화를 전파하기도 했다. 그 결과 출산율이 조금씩 떨어지기 시작했다. 하지만 2000년 대에 접어들자 반대로 난임과 저출산이 사회적 문제가 됐다. 결혼 자체를 하지 않거나, 하더라도 늦은 나이에 하는 사람들이 늘면서 난임 부부가 크게 증가한 것이다. 결혼 시기를 차치하고라도 젊은 세대의 경제적 문제, 과도한 스트레스 등을 이유로 임신이 어려운 부부들이 늘기 시작했다. 유광사 산부인과를 유광사 여성병원으로 새로이 확장하면서 제일 먼저 불임의학연구소를 신설한 것은 그러한 사회상을 반영한 것이었다. 불임 치료의 전문성을 확보해 난임으로 고통받는 부부들의 고민을 풀어 주는 것이 산부인과의사로서뿐만 아니라 사회의 일원으로 저출산 문제를 해결하는 데 기여하는 것이기 때문이다. 몇 년이 지난 뒤에는, 나를 따라 산부인과 의사가 된 아들이 불임의학연구소 소장으로 부임했고 지금까지 연구소를 잘 이끌고 있다. 유 소장은 나와 마찬가지로 고대 의대를 졸업하고 석박사 과정을 이수했다. 이후 미국 하버드대학 부속 베스 이스라엘병원과 보스턴불임센터에서 5년간 연수하며 불임 분야의 전문의가 됐다. 아들이기 이전에 실력 좋은 의사와 함께 병원을 이끌게 된 것이 무척이나 뿌듯할 따름이다.

  요즘 산모들은 산후조리원에 가는 것이 하나의 코스가 됐지만 2000년 대 이전에는 그런 개념이 없었다. 아기를 낳으면 2~3일

정도 입원했다가 퇴원했고 회복은 개인의 몫이었다. 하지만 핵가족화가 진행되면서 누군가 상주하며 아기와 엄마를 도와줄 손길이 부족해졌고, 그 역할을 산후조리원이 대체하기 시작했다. 우리 병원도 그런 필요에 맞춰 산후조리원을 신설했고 외부 감염으로부터의 보호를 위해 우리 병원에서 태어난 아기와 산모들만 이용 가능하도록 했다. 유광사 산후조리원에는 산모의 편의를 고려해 간단한 머리 손질을 받을 수 있는 미용실과 피부관리실, 산후 체조실, 운동실을 운영토록 했다. 산후조리원장은 아내가 맡았다. 위생적이고 안전한 관리를 요하는 조리원의 성격 상, 철두철미한 아내가 운영을 맡은 것은 참 다행스러운 일이었다.

유광사여성병원은 산부인과뿐 아니라 소아과, 마취과 등 10여 명의 전문의들을 추가로 갖춤으로써 출산부터 소아과 진료까지 원스톱으로 진료가 가능하도록 했다. 산부인과 전문의는 산모를 돌보고, 소아청소년과 전문의는 신생아를 매일 방문함으로써 산모와 아기의 건강을 회복하는 데 도움이 되도록 한 것이다. 아이가 자신이 태어난 곳에서 소아과 주치의와 자연스럽게 유대관계를 형성한다면 성장 과정에서의 크고 작은 질환을 다스리는 데에도 큰 도움이 될 터였다.

이러한 노력 끝에 우리 병원은 2012년 보건복지부로부터 '산부인과 전문병원'으로 선정됐다. 개인 병원임에도 대학병원 수준의 규모와 시설을 보유하고 여성 진료에 대한 전문성을 갖추었음을 국가에서 인정해 준 것이다. 당시 서울 25개 구 중에서 우리 병원을 포함한 단 2곳만이 선정된 것이기에 그 의미가 더 크게 다가왔다. 뿐만 아니라 수준 높은 의료서비스와 철저한 환자 관리 시스템을 인정받아 '의료기관평가인증병원'으로도 선정됐다. 현실에 안주하지 않고 인적자원과 의료시설에 대해 끊임없는 투자해 온 노력의 결과였다.

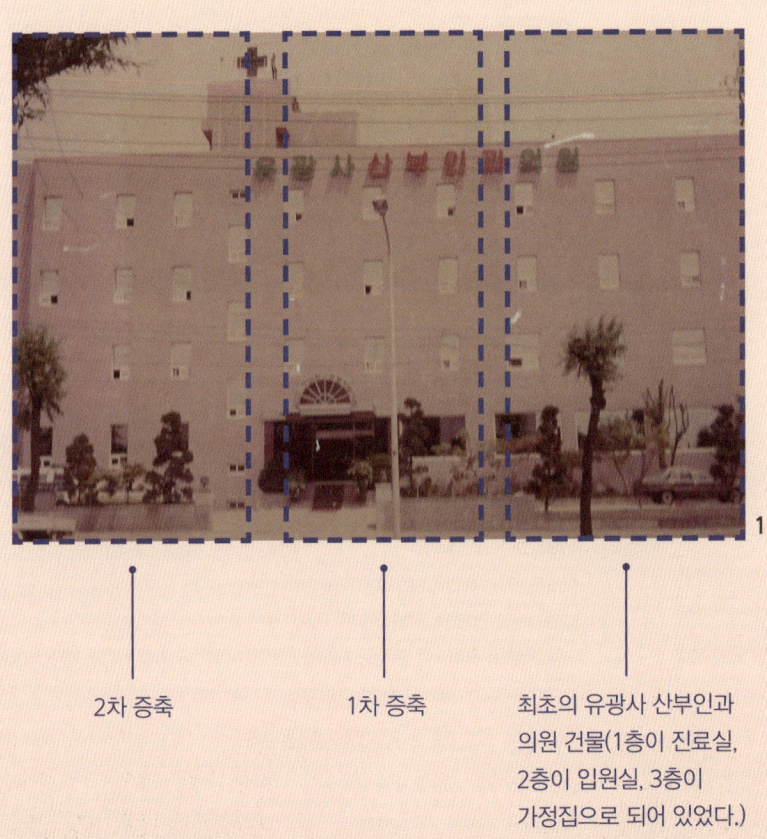

2차 증축

1차 증축

최초의 유광사 산부인과 의원 건물(1층이 진료실, 2층이 입원실, 3층이 가정집으로 되어 있었다.)

1 유광사산부인과의원의 모습(이때 이미 2번에 걸친 증축이 이루어졌다)

2 확장 이전한 후 유광사산부인과병원의 모습
3 유광사여성병원의 현재 모습(현재 두 건물은 구름다리로 연결됐다.)

4 유광사여성병원으로 확장한 뒤 병원 앞에서
5 보건복지부에서 유광사여성병원이 산부인과전문병원으로 지정된 내용이 실린 기사 (2012년 4월 병원신문)

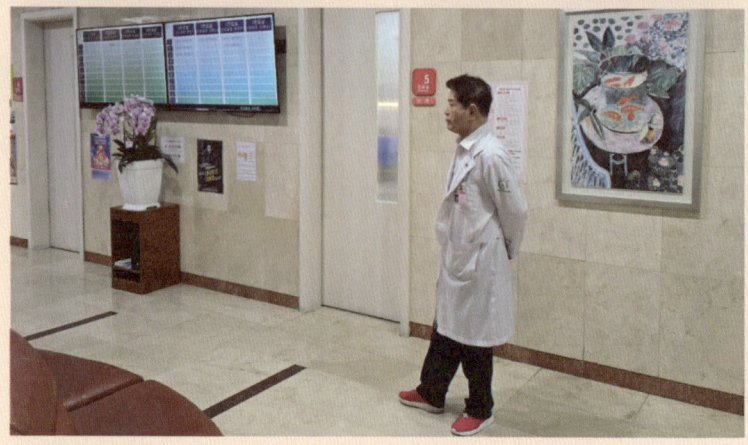

그림과 피아노 등이 전시된 유광사여성병원 로비의 현재 모습
(제일 하단에 병원 로비를 바라보는 나의 모습)

3
생명 탄생의 현장에서

분만은 늘 위기의 연속이다

분만실은 전쟁터와 다름없다. 출산 중에 나타나는 돌발 상황을 해결하지 못하면 산모와 아기 모두 목숨이 위험해지므로 한순간도 긴장의 끈을 놓을 수가 없다. 산부인과 의사를 특히 힘들게 하는 것은 출산 후 산모의 자궁 출혈이 멈추지 않는 것이다. 의학적으로 자궁이완증(uterine atony)이라고 하는데, 태아를 내보내고 난 뒤 자궁이 수축하지 않아 피가 계속 쏟아지는 증상이다. 이때 출혈을 막지 못하면 응급상황으로 이어진다. 때문에 자궁이완이 우려되는 다태아 분만이나 우량아 분만, 양수과다증의 경우 미리부터 대학병원으로 전원을 보내 만일의 사태에 대비하기도 한다. 문제는 예측 밖의 상황에서 산모의 자궁이 수축하지 않는 경우이다.

A산모는 36세의 늦은 나이에 임신을 했다. 심한 입덧과 임신 중독증으로 고생했지만 나름 건강을 유지하고 있었다. 출산예정일을 얼마 앞두고 하필이면 남편이 지방으로 출장을 떠난 날, 그녀가 심한 진통과 함께 병원을 찾았다. 다행히 분만은 순조로웠고 건강한 아들이 태어났다. 그런데 A산모의 자궁 출혈이 멈추지 않았다. 아기가 태어난 뒤 자궁이 수축하지 않으면서 자궁벽의 혈관에 생긴 상처에서 계속 피가 흐르는 것이었다.

정상적인 출산일 때도 분만이 시작될 때나 태반이 나온 이후 약간의 출혈은 있을 수 있다. 보통 200~500cc를 정상적인 출혈량으로 보는데, A산모의 경우 10여 분 동안 1,000cc 이상의 혈액이 흘러나오는 상태였다. 게다가 그녀는 임산부로서는 고령의 나이에 고혈압과 임신중독증을 동반한 상태로 몸이 많이 쇠약해진 상태였다. 즉시 지혈제와 자궁수축제를 5% 포도당에 주사해 자궁을 수축시키고 혈액은행에서 가져다 보관 중이었던 보존혈과 포도당을 주사해 산소 호흡을 실시했다. 이어서 자궁적출을 시작했다. 그런데 A산모의 맥박이 빨라지고 혈액응고장애가 나타났다. 계속된 출혈로 혈액응고인자가 소멸됐던 것이다. 이대로라면 쇼크 상태가 올 수 있기에 신속히 수혈을 지속했고, 결국 45병에 이르는 혈액을 수혈한 끝에 그녀는 안정을 찾을 수 있었다.

나중에 병원을 찾은 A산모의 남편은 원장실로 찾아와 아내의 목숨을 구해줘서 감사하다며 연신 머리를 숙였다. 나는 의사로서 할 일을 한 것뿐이니 부담 갖지 말라고 말해 주었다. 드문 일이긴 하지만, 자칫 자궁출혈이 지속되면서 아기는 무사히 세상에 나와도 산모가 숨을 거두는 경우가 있다. 그러니 A산모가 건강하게 회복된 것이 의사 입장에서도 감사할 따름이었다.

옛말에 '산모가 진통이 오면 신발을 돌려놓는다'는 말이 있다. 출산 중 산모의 신발을 거꾸로 세워둠으로써 나쁜 기운이 산모에게 오지 못하게 하는 것이다. 그만큼 분만은 산모와 아기 모두의 생명이 경각에 걸린 고된 일이다. 산부인과의 분만실이 늘 비상상태를 유지하는 것도 이 때문이다. 우리 병원은 필요시 근처 고대구로병원이나 이대서울병원으로 이송을 하고 있다. 모교인 고대병원은 교수들과의 소통이 수월해서 특히 많은 도움이 된다. 외과적인 수술이 필요할 때면 친구이자 일반외과의사인 황관선 원장이 운영하는 황외과의원뿐 아니라 여러 외과의원들과 협진을 하고 있다.

언젠가 아들이 말하길 '어릴 때 집에 들어온 아버지가 유독 예민

하신 날'이 있다고 했다. 자신이 산부인과 의사가 되고 보니 그 이유를 알 것 같다고도 했다. 아마도 분만실에서 한참 진땀을 빼고 돌아온 날이었을 것이다. 한바탕 전쟁을 치르고 나면 숨 돌릴 틈도 없이 다시 전쟁터로 불려나가는 생활, 산부인과 의사에게 분만 현장은 늘 축복과 두려움이 공존하는 세계다.

의사는 신이 아니기에

생명이 잉태되어 세상에 나오기까지 많은 변수가 있기에 산부인과 의사는 어느 한순간도 마음을 쉴 수가 없다. 그런데 아무리 최선을 다해도 예기치 못한 결과를 마주할 때가 있다.

30여 년 전의 일이다. 우리 병원에서 진료를 받아 온 B산모가 제왕절개수술로 출산을 했는데 아이가 다운증후군을 갖고 태어났다. 아이는 급히 소아아동병원으로 이송됐지만 심장마비로 사망하고 말았다. 처음 B산모가 내원했을 당시 비교적 고령의 나이였기에 기형아 출생 가능성을 염려해 산전선별검사인 트리플마커(triple marker)를 시행했으나 아무런 이상 소견이 없었다. 트리플마커 검사는 임신 중 산모의 혈액을 통해 태아의 특정 염색체 이상, 특히 다운증후군(21번 염색체 세염색체중)과 같은 유전 질환의 위험성을 추정하는 산전선별검사다. 이 검사로 염색체 이상의 위험성을 평가할 수는 있지만 다운증후군 여부를 100% 알 수는 없다. 다운증후군을 확진하려면 양수검사나 융모막 검사를 시행해야 하는데 이들 검사는 비용도 많이 들고 산모의 배에 10cm가량의 바늘을 찔러 양수를 10cc 정도 채취하는 검사 과정에서 유산의 위험성도 갖고 있다. 그래서 당시 의료 환경에서는 특별한 상황이 아니면 대부분 트리플마커 검사로 진단을 내리는 것이 일반적이었다.

B산모는 트리플마커 검사만 시행한 까닭에 아이가 태어나고 나서야 다운증후군 증세가 있음을 알게 됐다며 소송을 제기했다. 기형아 검사에 대한 의사의 설명의무 위반으로 정신적 손해를 입었다는 것이었다. 1심 법원은 B산모에게 트리플마커 외 다른 기형아 검사 방법을 정확하게 설명하지 않아 산모가 정신적 손해를 입은 것이 인정된다며 그에 대한 위자료 지급 판결을 내렸다. 하지만 2심 법원의 판단은 달랐다. 트리플마커 검사만으로 태아의 다운증후군이 100% 확진되는 것이 아니라는 점과 더 정확한 기형아 검사 방법이 있다는 점을 설명하지 않은 부분은 인정되지만, 혹여 다른 검사를 통해 태아가 다운증후군 증세를 가진 것이 확인되더라도 '생명의 존엄을 고려해 기형적인 신생아를 수술하는 것은 위법이므로'

산모에게 다른 결정권이 없었음을 반영한 것이다. 예전에는 모자보건법상 다운증후군이 임신중절 사유에 해당되지 않았다. 그런 상황에서 산모가 자신의 태아가 다운증후군 증세가 있음을 미리 아는 것이 그렇지 않은 경우에 비해 정신적 고통이 덜하다고 할 수 없기에 정신적 손해를 배상해야 할 근거가 없다는 결론이었다. 대법원은 당시 의료수준으로 가장 적합하다고 판단되는 검사를 통해 태아가 정상이라는 판정을 내렸고, 의학적이고 직업적인 소신과 판단에 따라 임산부에게 그런 판정 결과를 알려주었다면 통상 요구되는 의무를 다한 것이라고 판결했다. 또한 보다 정확하지만 위험하고 비용이 드는 관계로 임산부에게 한정적으로 실시토록 돼 있던 검사방법을 구체적으로 안내하지 않았다고 해서 의사가 설명의무를 위반했다고 볼 수 없다고 했다. 약 5년간에 걸친 법정 공방은 최종 승소로 마무리됐다.

산모가 건강한 아기를 출산하기를 바라는 것은 어느 산부인과 의사나 마찬가지일 것이다. 하지만 환자를 보다 보면 배운 지식과 경험을 아무리 쏟아부어도 안 좋은 결과가 생기기 마련이다. 의사가 신이 아니기에 모든 분야를 완벽하게 통제하고 예측할 수도 없다. B산모와 가족들의 속상한 마음은 충분히 이해하는 바였지만, 그렇다고 능력 밖의 일까지 의사가 책임질 수는 없는 노릇이다. 의사로서의 권리와 의무, 그리고 환자에 대한 인간적 이해 사이에는 이렇듯 복잡한 고민들이 녹아 있다. 그래서 의료소송은 의사와 환자 모두에게 괴로운 것이다. 오랜 시간이 지났지만 이때의 일은 여전히 마음을 아프게 한다.

진료실에서 강간범을 잡다

어느 날 새벽, 강서경찰서 형사 두 명이 20대 후반의 여성 C를 데리고 왔다. 형사들은 잔뜩 겁먹은 C를 진료실 한 켠에 앉힌 뒤 기가 막힌 이야기를 털어놓았다. C가 친구들과 모임을 갖고 밤늦게 집으로 돌아가다가 집 근처에서 불량배에게 성폭행을 당했다는 것이다. 다행히 C는 냉정함을 유지하려 애썼고 범인을 잡는 데 적극 협조했다. 그 모습을 보고 있자니 딸자식을 가진 부모로서 착잡한 마음과 함께 강간범에 대한 분노가 올라왔다.

우선 형사들은 대기실에 기다리도록 한 뒤 C에 대한 검진을 시작했다. 그런데 희한하게도 C의 질 분비물에서 정충(정액 속 정자)이 발견되지 않았다. 원래 같으면 관계 후 남은 남성의 정액에서 정자가 확인되기 마련인데 이럴 수가 있나 싶어서 자세히 살펴보았다. 하지만 아무리 봐도 정충은 일절 보이지 않았다. 결과를 말해 주니 형사들도 당황하는 기색이 역력했다. C를 도와줄 수가 없게

됐다는 생각에 속이 상하던 찰나 생각 하나가 머릿속을 스쳤다. C의 진술이나 검사 상으로 분명 성폭행을 당한 것은 확실한데 정충이 나오지 않았다면, 범인이 정관수술을 받은 게 아닐까 하는 것이었다. 형사들에게 이러한 소견을 전달한 뒤 집으로 돌아가는 C에게 절대적인 안정을 권했다. 본인이 잘못한 것이 아니며 앞으로 용기를 갖고 잘 살아가라는 말도 잊지 않았다.

얼마 후 그 형사 두 명이 다시 병원을 찾아와 "원장님 덕분에 C를 성폭행한 범인을 잡았습니다"라며 인사를 했다. 말인즉, 범인이 정관수술을 했을 가능성이 높다는 나의 소견을 바탕으로 주변 불량배들을 탐문하기 시작했고, 그 과정에서 쉽게 범인을 체포했다는 것이었다. 범인이 죗값을 치를 수 있게 됐다는 사실에 안도가 됐고, 한편으로는 여전히 고통의 시간을 보내고 있을 C에게 조금이라도 위로가 되었으리라는 생각이 들었다. 상처가 단기간에 아물기는 힘들겠지만 침착하게 형사들과 산부인과를 찾아와 수사에 협조했던 만큼, 그때의 트라우마를 잘 극복했으리라 생각한다.

예전에는 여성이 성폭력을 당해도 그 자체를 수치스럽게 여겨서 신고를 하지 않거나 소극적으로 대응하는 일이 많았다. 그러나 참고 숨기는 행동은 스스로에게 또 다른 상처를 남길뿐 아니라 제2, 제3의 피해자를 만들 수도 있다.

한번은 20대 초반의 임산부D가 자연유산으로 병원에 실려왔다. D는 치료 뒤 입원을 한사코 거절하며 집으로 돌아가려 했다. 자연유산은 경과에 따라 입원 치료를 받아야 한다는 나의 말도, 제발 입원하라는 남편의 권유도 뿌리치는 D를 보니 직감적으로 무언가 다른 문제가 있으리라는 생각이 들었다. 나는 D와 별도의 면담 시간을 가졌다.

"대체 왜 입원 치료를 거절하시는 거죠?"

"집에서 요양하고 싶어서 그래요."

"남편분도 입원하라고 하는데 극구 거절하는 데는 다른 이유가 있어 보여요. 의사인 제게 솔직하게 털어놓으시면 제가 도울 수 있는 것은 도움을 드리겠습니다."

간곡한 나의 말에 D의 눈빛이 흔들리기 시작했다. 그리고는 남몰래 혼자 지고 있던 무거운 비밀을 털어놓았다.

"선생님, 사실은요… 몇 달 전에 남편이 회사에 가고 나서 제가 문을 안 잠갔는데 그때 강도가 들었어요. 임신 3개월이니 제발 봐달라고 애원했는데도 저를……"

그놈은 결국 D에게 몹쓸 짓을 했고, D는 충격과 공포 속에서도 남편에게 사실을 털어놓지 못한 채 홀로 끙끙 앓다가 아기를 유산했다. D는 자신의 아픔보다 유산된 태아와 남편에 대한 죄책감으로 더 괴로워하며 입원치료고 뭐고 그저 집으로 돌아가 모든 일을 묻고 싶었던 것이다.

D에게 유산후유증 치료와 함께 성병 검사를 해 보니 불행히도 임질 양성 반응이 나타났다. 강간범이 임질균 보유자였던 것이다. 파렴치한 행동으로 소중한 생명을 잃게 한 것도 모자라서 성병균까지 옮기다니, 의사인 나도 이토록 속이 상한데 D의 마음을 어땠을까.

이제 막 초등학교 6학년이 된 E를 옆에 앉혀두고 엄마는 하소연을 시작했다. 남편을 일찍 여읜 E의 엄마는 E에게 어린 두 동생을 맡기고 새벽부터 밤늦게까지 행상을 다녔다. 어느 날부터는 E가 웃지도 않고 먹지도 않아서 이상하게 생각했지만 무슨 고민이 있나 보다 하고 넘겼다고 했다. 그런데 며칠 전 장사를 마치고 집에 돌아와 보니 E가 화장실에 앉아서 혼자 신음 소리를 내고 있던 것이다.

"그제야 놀라서 애를 붙잡고 이유를 캐물었는데요......"

엄마를 통해 들은 얘기는 충격적이었다. E가 학교에서 돌아오는 길에 동네 세탁소 사장이 E를 불러 가게로 들어갔다. 세탁소 사장은 E에게 "학교 다니는 거 힘들지?" 하며 등을 두드려 주더니 점차 이상한 행동을 했고 급기야 E에게 못된 짓을 했다. E가 울음을 터뜨리자 오늘 있었던 일을 어디든 말하면 큰일 날 줄 알라며 협박까지 했다. E는 그날의 일을 아무에게도 말하지 못했다. 그때부터 세탁소 사장은 E의 엄마가 일하러 나가는 시간을 기다렸다가 E의

집으로 찾아왔다. 동생들을 내보낸 뒤 몹쓸 짓을 당하면서도 E는 보복이 두려워 그 사실을 홀로 삼켰다.

　진찰 결과 E의 외음부에 여러 개의 작은 궤양들이 발견됐고 질 속에는 고름이 가득 고여 있었다. 임질이었다. 이 정도면 소변을 볼 때 몹시 쓰리고 아팠을 것이다. 치료가 조금만 더 늦었더라면 자칫 불임이 될 만큼 심각한 상태였지만 다행히 치료를 통해 여성의 기능은 되살릴 수 있었다. 하지만 신체의 회복만으로 모든 것이 나아질 수는 없었다. E는 어린 나이에 신체적으로나 정신적으로 너무 큰 상처를 입었고, 살아가는 동안 다양한 정신적 트라우마를 이겨내야 할 것이다. 여성이 성폭력 피해를 극복해 나가는데 있어 피해 당사자뿐 아니라 주변 모두가 함께 보듬고 감싸 안아야 하는 이유다.

　애초에 이런 일이 있어서는 안 되겠지만, 만약 성폭력을 당하는 일이 발생했다면 반드시 주변에 알리고 도움받기를 권한다. 마음의 상처는 쉬이 지워지지 않겠지만 자신의 남은 삶까지 빼앗겨서는 안 될 테니 말이다.

아들을 낳아야만 했다

'딸바보'라는 말을 처음 들었을 때는 그 단어가 참 낯설었다. '딸만 바라보는 부모, 딸 앞에서는 바보가 될 만큼 모든 것을 다 주는 엄마 아빠'를 뜻한다니 시대의 변화에 격세지감을 느끼는 바이다.

8~90년대에만 해도 많은 임산부들이 '아들을 낳아야 한다'라는 압박에 시달렸다. 사회적으로 남녀를 차별하는 풍조와 '아들이 집안의 대를 잇는다'라는 인식이 뿌리 깊게 박힌 탓이었다. 심지어 태아가 여자아이인 것이 확인되면 낙태를 하는 부모들이 늘자 정부에서 산부인과로 하여금 임신 28주 이전에는 태아의 성별을 고지하지 못하게 하는 법을 시행할 정도였다. 분만실에서는 태어난 아기가 남자아이냐 여자아이냐에 따라서 천국과 지옥이 뒤바뀌곤 했다.

병원을 개원하고 얼마 안 됐을 때 일이다. 이틀 전 건강한 아기를 낳고 입원 중이던 G 산모가 소리 소문 없이 증발해 버렸다. 간호사를 비롯한 병원의 전 직원이 찾아 나섰지만 병원 어디에도 G의 모습은 보이지 않았다. 연락을 받고 달려온 G의 남편은 "이번 출산이 딸만 다섯 번째이다 보니 미안한 생각에 어딘가에 숨어 있을 거예요"라고 말했다. 집안의 장손인 G의 어머니가 며느리에게 이번에도 사내아이가 아니면 집을 나가라는 불호령을 놓았다는 것이다.

결국 다섯 째 아기마저 딸을 낳은 G는 입원실을 뛰쳐나가 친정집에 머물다가 남편의 설득으로 겨우 병원으로 돌아왔다. 몇 년 뒤 G는 여섯 째 아기를 출산했고 드디어 남자아이를 낳으면서 입원 기간 동안 당당하게 산후조리를 했고 목에 힘을 주며 집으로 돌아갈 수 있었다. 가장 축하받고 보호받아야 할 산모가 딸을 낳았다는 이유로 고개를 숙여야 했던 시절이었다.

만삭의 산모 H가 진통이 시작되자 남편, 시어머니와 함께 병원을 찾았다. 분만실로 들어간 지 20~30분이 지나 아기가 세상에 나왔다. 밖에서 기도를 하던 시어머니는 분만실을 나서는 간호사를 붙들고 제일 먼저 "아들이냐"라고 물었다. 간호사가 "예쁜 손녀예요"라고 대답하자 시어머니는 실망한 눈으로 돌아섰다. 남편 역시 태어난 딸은 쳐다보지도 않고 한숨만 쉬었고 H는 마치 대역 죄인이라도 된 듯 고개를 들지 못했다. 그 모습을 보던 간호사가 산모에게 다가가 "많이 힘드셨죠? 요즘은 아들보다 딸이 훨씬 좋아요. 아들 낳으면 버스 타고 딸 낳으면 비행기 탄다는 말도 있잖아요"라고 위로를 건넸지만 H는 눈물만 글썽였다고 한다. 알고 보니 H에게는 이미 두 명의 딸이 있었는데 아들을 꼭 봐야 한다는 시어머니와 남편의 성화에 못 이겨 다시 임신을 했는데도 딸을 낳은 것이었다. 태아의 성별은 아빠의 정자가 어떤 성염색체를 제공하느냐에 따라 결정되는 것이기에 H가 고개 숙일 일이 아니었지만 그때만 해도 아이의 성별은 산모가 결정하는 줄 알던 사람들이 많아 딸을 낳았는지 아들을 낳았는지에 따라 산모의 기세가 판이하게 달라졌다.

1년 반이 지나 H가 남산만 한 배를 하고 다시 병원을 찾아왔다. 이미 세 명의 아기를 낳은 사실을 알기에 어쩐 일로 또 아기를 가지셨냐고 물었더니 H는 "선생님, 저 아들을 꼭 낳아야 해요. 그래야 큰소리치고 살죠"라고 답했다. 며칠 후 그녀는 진통과 함께 다시 병원을 찾았고 드디어 사내아이를 출산할 수 있었다. 산모는 말할 것도 없고 남편과 시어머니뿐 아니라 큰딸과 작은딸까지 찾아와서 기뻐하던 모습이 아직도 눈에 선하다.

개인적인 고백을 하자면 산부인과 의사가 되기 전에는 나 역시 그들과 다름없는 남편이요 아빠였다.

군의관 시절에 아내가 첫째 딸을 낳았다. 명동 성모병원(현 여의도 성모병원) 분만실 밖에서 두 손을 모으고 기다리던 나는 아기의 우렁찬 울음소리를 듣고 자리에서 일어섰다. 분만실 밖으로 나온 간호사에게 "아들이에요?"라고 물었는데 "예쁜 따님입니다"라는 답이 돌아왔다. 어찌나 실망스러웠던지 아내에게 고생했다는 말은커녕 얼굴도 보지 않고 집으로 돌아왔다. 그때까지 분만실이 어떻게 돌아가는지, 아기를 낳는 일이 얼마나 위험천만한 일인지 몰랐기에 그와 같은 야박한 행동이 나왔으리라. 사투를 벌인 뒤 병실에 홀로 남아야 했던 아내의 심정이 어떠했을지 지금 생각해도 아찔하다. 이후로는 둘째가라면 서러울 만큼 엄청난 '딸바보' 아빠가 되었지만, 딸아이가 세상에 나오던 순간 자리를 떴던 그 일은 평생의 후회로 남는다. 딸이 간혹 웃으며 "아빠 그때 나 딸인 거 알고 집으로 그냥 갔다면서요?" 하고 물으면 나는 "미안하다, 아빠가 그땐 참 못났다"라고 답한다. 정말로 그렇다. 그때는 많은 남자들이 참 못난 아빠이자 남편이었다.

분만실의 아기, 산모가 되어 돌아오다

진통을 느껴 어머니와 함께 병원을 찾아온 산모 I는 25년 전 우리 병원 분만실에서 내 손으로 직접 받은 아기였다. 병원 근처에 살던 터라 바로 옆 건물에 붙어 있던 유치원을 다녔고 그 덕에 마주칠 때마다 "선생님, 저 여기서 태어났지요?" 하고 웃곤 했다. 내가 "그럼 그럼, 선생님이 너를 받아서 엉덩이를 철썩 때리니까 니가 '으아아앙' 하고 고막이 찢어져라 울어댔잖아" 하고 답하면 뭐가 그리 재미있는지 꺄르르 웃으며 같은 질문을 반복했다.

세월이 지나 병원 근처에 살던 I의 엄마로부터 I가 분만을 위해 친정에 와 있다는 말을 전해 들었다. 세상에, 내 손으로 받은 아기가 산모가 돼서 돌아오다니, 꼭 알을 낳기 위해 강물을 거슬러 오르는 연어를 보는 것 같았다.

마침내 진통이 시작된 I가 엄마와 남편의 손을 잡고 병원을 찾았다. 분만실에서 예쁜 신생아가 머리를 내미는 모습을 보며 25년 전으로 되돌아간 느낌이 들었다. 녀석을 거꾸로 들고 엉덩이를 철썩 때리자 25년 전 엄마보다도 더 큰 목소리로 울어대기 시작했다. 산모 I도 땀에 흠뻑 젖은 얼굴로 아기를 바라보며 웃었다. 한 생명의 탄생과 그 생명이 대대로 이어지는 과정을 지켜보면서 새삼 생명의 존귀함을 느낄 수 있었다.

다행히 산모와 아기는 모두 건강했다. 외할머니는 손주 녀석까지 잘 태어날 수 있게 도와주셔서 감사하다고 연식 고개를 숙였지만, 나로서도 2대를 이어 고귀한 생명을 받아낼 기회를 가졌다는 사실이 여간 고마운 게 아니었다. 뭐라도 부족할 새라 신생아 용품을 잔뜩 사서 그들에게 선물했다. 허락이 된다면 3대 째 태어날 아기도 받을 수 있을까 하는 농담에 다들 그랬으면 좋겠다며 웃었다. 사흘 뒤 아기는 외할머니, 어머니와 함께 나란히 병원 문을 나섰다.

실제로 개원 후 46년의 흐르는 동안 외할머니, 엄마, 딸 3대가 우리 병원을 찾는 일도 생겼다. 매일이 전쟁터 같은 분만실. 때로는 생사의 경계선을 넘나들며 위험한 고비를 맞기도 하고 한계를 넘어선 상황에서 자괴감을 느끼는 일도 많지만, 이처럼 2대, 3대에 걸쳐 나를 찾는 산모들을 보면 정말이지 '산부인과 의사 하기를 잘 했다'는 생각이 든다. 생명 탄생의 가장 첫 순간을 지키며 대를 이어주는 의사, 그와 같이 축복받은 직업이 또 어디 있을까.

의사가 '삼심일행(三心一行)'을 지켜야 하는 이유

내가 인생에서 크게 강조하는 가치를 하나 꼽자면 바로 '삼심일언(三心一言), 삼심일행(三心一行)'이다. 한 번 말하기 전에 세 번 생각하고, 한 번 행동하기 전에 세 번 생각하라는 뜻으로 무엇이든 심사숙고하는 습관을 들이라는 것이다. 특히 의사라면 자신이 어떤 말을 내뱉기 전에 반드시 세 번은 생각하는 신중함을 갖춰야 한다.

장대비가 쏟아지던 어느 날로 기억한다. 젊은 여성인 F가 극심한 하복부 통증을 호소하며 남편과 함께 병원을 찾았다. 검사 결과 난소낭종으로 진단돼 바로 수술에 들어갔다. F의 정확한 병명은 난소낭종의 유형 중 하나인 난소기형종(teratoma)으로 확인됐고 그 기형종을 이루는 내용물에는 치아와 머리카락 등이 들어 있었다. '여자의 난소에 웬 치아와 머리카락?' 하고 놀랄 수 있는데, 난소는 생식 세포를 만들어 내는 곳으로 이 세포들이 난소에서 기형적으로 자라면 기형종이 형성되고, 그 결과로 우리가 상상하기 힘든 조직들이 나타날 수 있다. 한마디로 세포들이 잘못 자라면서 머리카락, 치아, 뼈, 피부와 같은 다양한 신체 조직이 만들어지는 것이다. 산부인과 의사인 나에게는 그리 낯선 질환이 아닌지라 수술을 잘 끝내고 별생각 없이 원장실에서 휴식을 취하고 있었다. 그런데 F의 남편이 걱정스러운 얼굴로 수술 결과를 묻기 위해 원장실을 찾았다. 나는 그에게 난소기형종은 젊은 여성들에게 종종 나타나는 질환이며 훗날 임신에는 아무 지장이 없으니 안심하라고 말해 주었다. 그리고는 대수롭지 않게 F의 난소에서 치아와 머리카락이 들어 있어서 잘 제거했다고 덧붙였다.

며칠 뒤 회진을 돌고 있는데 입원실에서 한 남녀가 격하게 다투는 목소리가 들렸다. 깜짝 놀라 가 보니 퇴원을 앞둔 F를 향해 그의 남편이 소리를 지르고 있었고 F는 맞대응을 하며 울고 있었다. 간신히 둘을 진정시킨 뒤 대체 무슨 일로 입원실에서 그렇게 싸웠는지 이유를 물어보았다. 그리고는 곧 난처하고 미안한 마음을 감출 수가 없었다. 사정인 즉 며칠 전 F의 남편에게 F의 난소에서 머리카락과 치아가 나왔다고 한 말이 화근이었다. F의 남편이 F가 결혼 전

다른 남자와 오랄섹스를 하다가 남자의 머리카락과 치아가 그녀의 입을 통해 체내에 들어갔다고 오해한 것이다. 분을 삭이지 못한 F의 남편은 병원을 찾아와 F에게 이혼을 요구했고 F는 영문도 모른 채 남편의 화를 받아내야 했다. 나는 얼른 그들에게 의학서적까지 들춰가며 난소기형종이 무엇인지 자세히 설명해 주었고 그제야 자신의 오해를 깨달은 F의 남편과 F는 화해할 수 있었다. 한순간의 오해와 해프닝으로 지나갔지만 의사가 말을 할 때는 보다 신중해야 한다는 사실을 일깨워 준 경험이었다.

앞서 말했듯이 분만은 늘 위기의 연속이다. 모든 과정이 순조롭게 진행되는가 싶다가도 일순간에 비상상태에 돌입하는 일이 많다. 당연한 얘기지만 위기가 발생하면 의사는 산모와 아기의 안전을 위해 자신의 모든 것을 걸고 최선을 다한다. 할 수 있는 모든 것을 다 했음에도 상태가 나아지지 않으면, 급히 대학병원으로 후송해서 큰 수술에 들어가게 된다. 그런데 간혹 산모를 큰 병원으로 이송했을 때 그곳의 담당의가 내뱉은 말 한마디가 이전 병원의 의사를 곤란하게 만드는 경우가 있다. 바로 "왜 이렇게 늦게 왔어요?"라는 말이다. 다급한 상황에서 담당 의사가 그런 말을 하면 환자의 보호자들은 '이전 병원 의사가 처치를 늦게 해서, 이송을 늦게 결정해서 내 아내가 위험에 빠졌구나' 하고 생각하게 된다. 물론 응급 환자를 보면서 '조금 더 빨리 왔다면' 하는 생각은 할 수 있다. 하지만 갑작스러운 상황에서 그야말로 해볼 수 있는 모든 방법을 다 써 보다가 안 돼서 옮긴 것임에도 "왜 이렇게 늦게 왔어요"라고 해 버리면, 그때까지 사투를 벌인 의사를 '게으르고 나태하며 잘못된 치료를 한 의사'로 낙인을 찍게 된다. 환자의 보호자들이 대학병원에서 그런 말을 들으면 다시 우리 병원을 찾아와(다른 개원의들도 마찬가지일 것이다.) '당신이 이송을 늦게 해서 큰일 날 뻔했다'라거나 '제대로 치료하지 않아서 고생했다'라며 거칠게 항의한다. 혼신의 힘을 다했던 노력들은 오간데 없다. 이러한 사정을 한 번이라도 생각한다면 함부로 '왜 이렇게 늦게 왔냐'는 말은 할 수 없을 것이다. 의사가 말을 할 때 최소한 세 번 이상 숙고해야 한다는 것은 이런 상황에서도 적용된다.

병원에서 환자는 을이 될 수밖에 없다. 의사가 갑이라는 뜻이 아니라, 몸이 아프면 작은 검사 결과 하나에도 마음이 휘둘리는 약자의 심정이 된다는 뜻이다. 그래서 옛 어른들이 돈과 친구를 잃는 것보다 건강을 잃는 것이 더 큰 손해라고 했나 보다. 어쨌든 의사는 늘 환자의 이런 마음을 배려해야 한다. 환자 앞에서 말과 행동을 특히 조심해야 한다. 오랜 기간 불임으로 고생하는 부부나, 습관적인 유산 경험을 가진 임산부, 혹은 자궁질환 등 부인병으로 고생한 환자들은 늘 두려움을 품고 있다. 혹시 또 무언가 잘못된 것은 아닌지, 검진 결과 상태가 더 나빠진 것은 아닌지 불안해하면서 말이다. 반면 의사는 매일 비슷한 환자들을 상대하다 보니 환자의 입장을 고려하지 못한 행동을 할 수 있다. 초음파 사진을 보며 '쯧쯧' 하고 혀를 찬다거나 검사 결과지를 보며 한숨을 쉬는 등의 행동 말이다. 그런 것들이 의사에게는 사소한 습관일지 몰라도 환자에게는 커다란 공포를 유발할 수 있다. 최대한 객관적인 사실을 전달하되, 어떤 단어를 선택해서 어떻게 전달할지를 세심하게 생각함으로써 신체적, 정신적으로 약해진 환자를 배려하는 것, 그것이 의사의 삼심일언이요, 삼심일행을 실천하는 기본 중의 기본임을 잊어서는 안 된다.

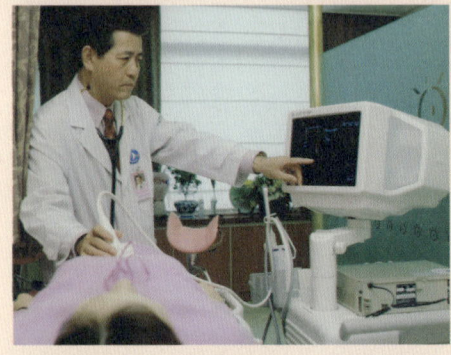

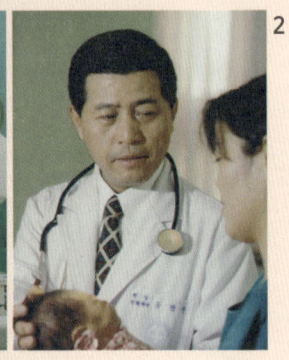

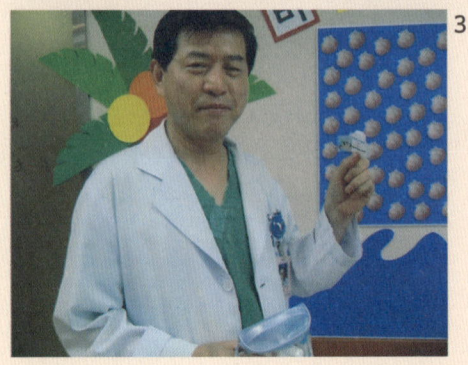

1 나와 아내, 딸 상희가 함께 찍은 가족 사진
2 산부인과 진료 중인 모습
3 산부인과 대기실에서

셋. **"자랑스러운 아버지가 되고 싶었다"**

살아온 이야기,
그 속에서 배운 지혜와 용기, 시행착오와 후회까지
손주들에게 가급적 많이 전해 주고 싶다.
그것이 내가 이 책을 남기는 이유이기도 하다.

1
가족은 나의 힘

아내이자 엄마, 평생의 동반자

유광사여성병원의 최초 기반을 아버지가 닦아주셨다면, 그 기반을 유지하고 발전시키는 데에는 아내 박경순의 헌신이 큰 몫을 했다. 병원 운영을 위해서는 각 과의 의사, 간호사, 행정직원, 주차경비원들까지 많은 사람들의 월급을 관리 지급해야 하고, 매월 의료보험공단에 보험금을 청구해야 하며, 병동의 청소와 위생 상태도 점검해야 한다. 코로나19와 같은 감염병 팬데믹이 발생하면 산후조리원을 비롯해 병원 시설의 격리와 소독 등 안전 관리에도 몇 배의 노력이 들어간다. 그 밖에 눈에 보이지 않지만 신경써야 할 일들이 태산이다. 환자를 잘 진료하는 것 외에도 병원 운영을 위해 엄청난 에너지가 소모되는 것이다. 이 모든 일은 아내의 몫이었다. 내가 오직 환자의 진료에만 집중할 수 있도록 아내가 열일을 해 주었기에 오늘날 유광사여성병원이 존재할 수 있었다.

개원 이후 지금까지도 아내는 나와 함께 병원으로 출근하고 있다. 병원이 확장될수록 직원 수가 늘면서 신경 쓸 일도 많아져서 아내 역시 하루가 바쁘다. 산후조리원장 겸 이사장으로서 조리원의 청결과 산모들의 안전에도 심혈을 기울이고 있다. 알뜰하고 꼼꼼한 성격으로 온갖 궂은 일을 처리하는 과정에서 깍쟁이 소리를 듣기도 하지만, 그런 아내 덕에 40여 년 동안 큰 문제 없이 병원이 운영되고 있음에 감사할 따름이다.

무엇보다 고마운 것은 아내가 며느리로서, 그리고 두 아이의 엄마로서도 완벽한 삶을 살았다는 점이다. 결혼 직후부터 어머니를 모시고 살며 신혼 때에는 시동생과 시누이들 뒷바라지까지 해야 했지만 아내는 한 번도 불평을 한 일이 없다. 성북동과 망원동에서 신혼 생활을 하는 동안 하루가 멀다하고 고향 사람들이 우리 집을 찾아와 신세를 질 때에도, 손님을 잘 대해야 한다는 어머니의 신조 때문에 밥이며 빨래며 허드렛일이 늘었을 때에도 아내는 두 말 없이 어머니의 말씀을 따랐다. 어머니께서 아흔 셋을 일기로 세상을 떠나실 때까지 아내는 어머니를 극진히 모셨다.

유광사 산부인과를 개원하고 3층에 가정집을 지어 사는 동안 아내는 그야말로 멀티플레이어의 삶을 살았다. 밤이며 새벽이며 시간을 가리지 않고 수술과 분만 준비, 그리고 병원 전반을 관리하고 운영하면서도 아이들의 등교 준비를 하고 통학버스에 태워 보냈다. 부득이한 경우를 제외하고는 하교시간에 맞춰 학교로 아이들을 데리러 가는 것도 아내의 몫이었다. 개원 초기에는 병원 청소뿐 아니라 직원들의 식사까지도 아내가 다 준비했는데 그 와중에도 엄마의 역할을 소홀히 하는 것을 본 일이 없다. 어쩌다 아내가 병원 일로 3층에 조금 늦게 올라가는 날에는 아들과 딸이 집에 엄마가 없다며 불안해 할 정도였으니, 아내의 그 시간들이 얼마나 전쟁 같았을지 안 봐도 눈에 선하다.

2019년 5월 12일, 우리 부부가 결혼한 지 50주년이 되는 금혼식(金婚式)을 치렀다. '금혼(金婚)'의 '금(金)'은 말 그대로 금을 상징한다. 결혼 생활이 오랜 세월 지속되었음을 뜻하는 것이다. 지난 시간 서로에게 든든한 동반자로 함께 한 우리 부부의 50주년을 자식들 역시 한마음으로 축하해 주었다. 딸과 아들, 며느리는 우리 부부가 오십 년 동안 자신들을 키우고 세상에 기여하며 값진 삶을 살아온 것에 대해 존경한다며 박수를 보내주었다. 부부가 같은 길을 걸으며 해로한 것도 감사한 일이지만, 살아온 날에 대해 자식들에게 존경과 축하를 받는 것이야말로 더할 나위 없는 축복 아닐까.

같은 고향, 같은 고등학교에서 처음 만나 평생의 짝이 되어 준 아내. 두 아이의 엄마로서, 한 집안의 맏며느리로서, 유광사여성병원과 산후조리원의 운영을 위해 헌신해 준 동반자로서 늘 고맙다는 말을 전하고 싶다.

"아버지를 따라 의사의 길을 갈 거에요"

나는 환자들을 위해 24시간 대기하는 좋은 의사였을지 모르지만, 자식들에게는 좋은 아버지가 되어 주지 못했다. 일요일이라고 가족들과 외식이라도 할까 싶은 날에는 갑자기 실려온 산모의 분만을 위해 응급실로 달려가는 일이 허다했다. 딸아이는 어릴 적 내가 함께 밥을 먹다가도 삐삐 호출기가 울리면 바로 일어나는 통에 어느 샌가 호출기 소리만 들어도 지레 심장이 뛰었다고 한다. 그러니 어린이날이나 방학은 커녕 여름 휴가 같은 것은 꿈도 못 꿨다. 아이들이 중학생 무렵 아주 큰 마음 먹고 제주도에 2박 3일 다녀온 것이 유일한 휴가였다. 아이들의 입장에서 늘 '바쁜 아빠'. '환자 밖에 모르는 아빠'로 인해 서운한 일도 많았을 것이다.

아이들이 무엇을 좋아하는지, 학교에서 공부는 얼만큼 하는지, 어떤 친구를 사귀고 있는지도 몰랐다. 그럼에도 큰 문제 없이 잘 자라 준 아이들을 볼 때면 아비로서 미안함과 고마움이 교차한다.

연년생인 딸과 아들은 비슷하면서도 다른 구석이 많았다. 딸 아이는 나를 닮아 대범하면서도 리더십이 있었다. 자기 주장이 확실해서 의견을 낼 때에도 자신감이 넘쳤다. 똑부러지는 성격에 공부도 잘 하는 한편, 예체능에도 소질이 있었는지 발레에 관심을 보인 일도 있고 미적감각이 있어서 멋을 부릴 줄도 알았다. 아들은 어린 나이부터 성숙하고 매사에 꼼꼼했다. 보통 남자 아이들이 덜렁거리고 주변을 흐트러뜨리기 일수인데 반해 아들은 차분하고 생각이 깊었다. 피아노 치는 것과 독서를 좋아했고, 잔소리하지 않아도 평상시에 공부하는 습관 덕에 늘 1등을 놓치지 않았다.

이렇듯 각기 다른 개성을 지녔음에도 두 아이의 삶의 목표는 같았다. 어린 시절부터 의사 가운을 입고 뛰어다니는 아빠를 보며 자연스럽게 의사의 길을 꿈꾼 것이다. 돌아보건데 부모의 삶은 그 자체가 가정교육인 듯 하다. 자신은 그렇게 살지 못하면서 자식들에게는 '너는 이렇게 해라'라거나 '너는 나처럼 살지 말고 어떻게 살아라'라고 잔소리를 하는 것은 자식들에게 거부감과 부담감만 줄 뿐이다. 휴가 한번 제대로 같이 가지 못할 만큼 바쁜 아비였지만 그럼에도 의사의 길을 따라와 준 아이들을 볼 때면, 의사로서의 내 삶이 아이들에게 좋은 본보기가 된 것 같아 가슴이 뿌듯해 진다.

속 깊은 딸, 당당하고 멋진 피부과 의사가 되다

맏딸인 유상희 박사는 한양대 의대 졸업 후 의학 석박사를 취득하고 현재는 강남에서 '쉬즈 애비뉴 피부과'를 운영하고 있다. 한때 잡지 표지모델을 했을 만큼 외모도 준수하고 성격도 활달해 인기가 많은 딸이지만 의대 본과를 졸업한 뒤에는 마음 고생도 많이 했다.

상희가 피부과 레지던트 수련의를 하던 시절 한양대병원으로부터 뜻밖의 전화가 한 통 걸려왔다. 상희가 병원에 나오지 않는다는 것이었다. 무슨 일인가 싶어 아내와 함께 하숙집으로 달려가 보니 아이가 지친 모습으로 웅크리고 있었다. 빨리 병원으로 가라며 채근하자 뜻밖의 답이 돌아왔다. 수련이 너무 힘들어서 못 가겠다는 것이었다. 앞서 삼무삼다(三無三多)라고 표현할 만큼 인턴과 레지던트 생활이 얼마나 고역인지를 잘 알고 있었기에 나 역시 마음이 아팠다. 내가 수련을 받을 때처럼 손찌검 하는 교수는 없었겠지만, 진료 현장에서 늘 긴장된 마음으로 빡빡한 일정을 소화하다 보면

다 때려치우고 도망가고 싶은 생각이 드는 것도 이해가 갔다. 하지만 의사가 되기 위해서는 누구든 거쳐야만 하는 시간이다. 짠한 마음은 뒤로 한 채 담담하게 아이를 설득했다.

"지금은 힘들고 괴롭겠지만 이 시간을 이겨내면 진짜 보람된 삶이 기다리고 있을 거다. 그러니 포기하지 말고 조금만 견디거라."

아비로서, 그리고 의사 선배로서 해 줄 수 있는 말은 이것 뿐이었다. 그저 오늘 하루를 잘 버티기를. 내일도 생각하지 말고 오늘 주어진 과제만 잘 풀어가기를. 언젠가 그 힘들었던 시간들이 삶을 지탱하는 진한 밑거름이 되어준다는 사실을 깨닫는 날이 오겠지.

자기 주장이 확실한 딸이었지만 부모의 말을 귀담아 들을 줄 아는 현명한 아이였다. 나와 아내의 간곡한 설득에 상희는 다시 병원으로 돌아갔고 고된 수련의 생활을 잘 마무리할 수 있었다. 나중에 들은 이야기이지만 한양대병원 피부과 병실 복도 끝에 공중전화 한 대가 놓여 있었다고 한다. 상희는 수련 도중 지치고 힘들 때마다 그 전화로 아내에게 전화를 걸었다. 너무 힘들다고 투정을 부린 날도 있었고, 어떤 날은 별 말 없이 수다만 떨다가 끊는 날도 있었다고 하는데 어미가 어찌 그 속내를 몰랐으랴. 아내는 밤 중에 집 전화벨이 울리면 상희가 오늘 또 많이 힘들었구나 싶어 가슴이 철렁했다고 한다.

의사가 이렇게 힘든 직업인 줄을 알았으면서 왜 자신이 의사가 되는 것을 말리지 않았느냐고 볼멘 소리를 하던 딸이 이제는 환자들을 위해 밤낮없이 뛰어다니는 모습을 보면 만감이 교차한다. 털털한 성격 그대로 편한 옷차림으로 환자들을 마주하는 딸에게 "아무리 바빠도 격식있게 차려 입고 가운도 걸치거라"라고 잔소리를 해도 늘 꾸밈없이 소탈한 모습으로 환자들을 대한다. 외모부터 기질까지 나를 빼닮은 것 같으면서도 한편으로는 또 나와는 다른 구석이 있구나 싶다.

자식 키우는 부모 마음이 다 비슷하겠지만, 나 역시 아이들이 바르게 자라주기를 바랐다. 풍족한 환경에서 자랐다고 해서 경제 관념이 헤프거나 남을 함부로 대하는 사람이 되어서는 안 될 일이었다. 그래서 용돈을 함부로 쓰거나 버릇없이 행동할 경우 아주 엄하게 꾸짖었다. 특히 상희의 경우 대학에 들어가서도 귀가 시간에 제한을 두었다. 상희 말로는 대학 시절 어느 날인가 밤 11시에 집에 들어왔는데, 내가 아무 말 없이 문 앞에 서서 기다리고 있었다고 한다. 야단 맞겠구나 하는 마음에 잔뜩 긴장했는데 아무 말 없이 입고 있던 외투를 자신에게 덮어주는 아빠를 보며 가슴 속에서 먹먹함이 올라왔다고 한다. 무슨 말이 필요하겠는가. 딸은 몇 살을 먹어도 늘 챙겨주고 보살펴 주고 싶은 존재인 것을.

상희는 요즘 병원진료며 학회 활동까지 눈코 뜰 새 없이 분주한 가운데에서도 늘 나와 아내를 챙긴다. 코로나19 팬데믹 전에는 나와 아내를 위해 일부러 시간을 빼서 함께 여행을 다녀오기도 했다. 아빠와 엄마가 건강한 모습으로 가족들과 많은 시간을 보냈으면 좋겠다고 말하는 속 깊은 딸. 환자들을 위해 병원에 투자를 아끼지 않고 세세한 인테리어까지 신경쓰는 모습까지 나를 빼닮은 딸. 언제나 지금처럼 자신의 일에 최선을 다하면서도 주변을 배려할 줄 아는 따뜻한 사람으로 잘 살아갈 것임을 믿어 의심치 않는다.

유광사여성병원의 미래를 이끌어 갈 동반자, 아들

아들 유상욱 박사는 고려대 의대를 졸업한 후 미국 하버드대학에서 5년간 연수한 뒤 석박사를 취득하고 현재는 유광사여성병원에서 불임의학연구소장을 맡아 일하고 있다.

상욱은 고등학교 시절 내내 상위권 성적을 유지하는 모범생이었다. 일찌감치 산부인과 의사가 되기로 다짐하면서 고려대 의대 진학 계획을 세웠다. 그러던 어느 날 담임 선생님이 진학상담을 위해 학교에 방문한 아내에게 상욱이를 서울대 공대로 보내는 게 어떻겠느냐고 제안했다. 상욱이 성적 정도면 서울대에 갈 수 있으니 서울대에 원서를 쓰라는 것이었다. 학교 입장에서야 '서울대 합격생 배출'이라는 타이틀이 중요했을지 모르지만, 상욱이가 오래 전부터 아버지를 따라 고려대 의대에 들어갈 생각을 하고 있던 터라 아내는 단호하게 그 제안을 거절하고 돌아왔다.

그렇게 상욱은 고려대 의대에 진학했고 나를 따라 산부인과를 택했다. 워낙에 차분하고 꼼꼼한 성격이었기에 학교 공부와 수련 생활도 곧잘 수행한 모양이었다. 하버드대학에서 5년 간의 연수를 마친 뒤 본격적인 진로를 정할 즈음이었다. 아들이 수련의 생활을 하던 고대구로병원의 병원장과 산부인과 과장, 고대의료원장 세 사람이 나를 찾아왔다. 모두 내 후배이기도 한 터라 편하게 차를 마시면서 이야기를 나누는데, 상욱이가 고대구로병원에 남게 해달라고 청을 하는 것이 아닌가. 하지만 상욱은 진작부터 유광사여성병원에 남기로 마음을 정한 상태였다.

"아버지 실력이 대학병원 교수님들의 실력에 뒤처지지 않고, 우리 병원의 시설도 구로병원 시설에 견주어 손색이 없잖아요. 저는 아버지 밑에서 근무하고 싶습니다."

학교 측의 제안은 고마웠지만 상욱의 결심은 바뀌지 않았다. 아비의 뒤를 따라 유광사여성병원의 미래를 이끄는 것이 자신의 소임이자 비전이었을 터였다.

2010년 7월, 상욱은 유광사여성병원 불임의학연구소 소장으로 취임했다. 이후 지금까지 미국 하버드대에서 불임시술 관련 연구와 수련을 한 경험을 토대로 난임, 불임 산모들의 임신을 돕고 있으며 난임의 원인을 집중적으로 연구하는 중이다. 유 소장의 꼼꼼하고 책임감 있는 진료 스타일은 산모들에게도 좋은 평을 받고 있다. 인터넷에서는 유 소장을 일컬어 '유느님'이라는 애칭으로 부른다고 한다. '하느님'처럼 존경한다는 의미로 '유상욱'의 '유' 뒤에 '느님'을 붙인 것이다. 이런 반응을 볼 때면 아비로서뿐만 아니라 병원을 함께 이끌어 나가는 동지로서도 여간 든든한 것이 아니다.

주변의 얘기를 들어봐도 유 소장은 젊은 시절의 나 만큼이나 환자 보는 일에 헌신하고 있다. 주말과 공휴일을 가리지 않고 병원을 지키는 한편, 불임치료법을 널리 보급하고 해외의 불임환자들을 국내로 유치하는 등 의료관광사업 분야에도 기여하고 있다. 이제는 세 아이의 아빠이기도 한 유 소장이 "어릴 적 쉬는 날도 없이 온통 환자 보기에만 매달려온 아빠를 이해하지 못했었는데 이제는 제가 그렇게 살고 있어요"라고 말 하는 것을 보면 안쓰러울 때도 있다. 하지만 지금의 고된 시간들이 유광사여성병원의 미래를 이끌어갈 소중한 자산이 될 것임을 알고 있기에, 묵묵히 그의 길을 지지하며 응원할 뿐이다.

유광사여성병원에는 내 이름 석자가 걸려 있지만, 그 뒤에는 아버지와 어머니, 아내, 딸, 아들 3대의 삶이 고스란히 녹아 있다. 병원이 성장하면서 '이쯤하면 일 좀 줄이고 편하게 살아도 되지 않겠냐' 하는 주변의 말에 개의치 않고 병원 일에 최선을 다한 것은, 첫째가 환자들에 대한 책임감 때문이었고 둘째가 자식들에게 자랑스러운 아버지가 되고 싶었기 때문이었다. 아마 딸과 아들이 나를 따라 의사가 되지 않았다면 어느 즈음엔가는 조금 내려놓고 편하게 살았을 지도 모르겠다. 하지만 아버지를 보며 의사의 꿈을 키운 아이들 앞에서 적당히 일하다가 놀러 다니는 아비가 되고 싶지 않았다. 허락되는 날까지 환자를 돌보는 것, 그것이 아비이자 의사 선배로서 자식들에게 보일 수 있는 최선의 모습일 것이다.

나는 지금도 아침 8시 30분이면 가운을 입고 진료실 책상 앞에 앉는다. 여전히 나를 찾는 환자들을 위해, 그리고 아버지를 따라 의사의 길을 택한 자식들을 위해, 앞으로도 나의 아침은 변하지 않을 것이다.

대를 이어 가족의 자랑이 되어준 손자, 손녀

아들이 대학교에 다니던 시절, 김희정이라는 이름의 참하고 예쁜 여자친구를 데려왔다. 첫인상이 맑고

순수한 데다 예의바른 모습이 보기 좋았다. 무엇보다 속깊고 현명한 아들이 선택한 베필이니 부모로서 그 선택을 존중해 주고 싶었다. 두 사람은 양가의 축복 속에 부부의 연을 맺었고 2남 1녀를 낳으며 다복한 가정을 꾸려오고 있다. 사돈 어른이 되시는 김수형 원장님은 차녀(상욱의 처제)인 김희연 원장과 함께 뉴연세여성의원을 운영 중이시다. 그곳에서 김수형 원장님은 소아과, 김희연 원장은 산부인과 환자들을 돌보고 계시니, 사돈 지간에 같은 분야의 병원을 이어가고 있다는 점에서도 귀한 인연이 아닐까 생각한다.

할아버지가 되기 전에는 누군가 손주 자랑하는 모습을 보면 좀 주책스럽다는 생각을 했다. 아무렴 내 속으로 낳은 자식이 귀하지, 대를 하나 건넌 핏줄에 마음이 더 갈까 싶었기 때문이다. 그런데 막상 손자 손녀가 태어나고 보니 그 마음이 구구절절 이해가 됐다. 매일 분만실에서 새 생명을 받아온 나였음에도 나의 피를 이어 받은 손주를 마주하자 전에는 느껴 본 적없는 감동과 축복이 밀려들었다. 한편으로는 의사로서 가장 바쁜 시기에 아들과 딸에게 충분히 표현해 주지 못했던 사랑과 관심이 온통 손자 손녀들에게 향하는 것 같기도 하다. 늘 환자만 생각하며 해외여행은 꿈조차 안 꾸던 내가, 아들이 미국 하버드대학에서 연수하던 시절 아들보다 손녀 손자들이 너무 보고 싶어서 스케줄을 비워 미국으로 달려갔을 만큼 손주들을 향한 애정은 어디에도 비할 수 없이 깊고 뜨거운 것이었다.

첫 손녀딸인 승림이는 서울국제학교를 수석으로 졸업하고 미국 캘리포니아주 UC버클리를 졸업한 뒤 CUSM(California University of Science and Medicine) 본과 2학년에 재학 중이다. 할아버지, 아버지, 고모에 이어 의과대학원에 진학함으로써 3대 째 의사의 길을 가고 있다.

승림이는 어릴 때부터 야무지고 당차면서도 속이 깊었다. 언젠가 "앞으로 할아버지가 얼마나 더 살까, 우리 승림이 결혼할 때까지는 살아야 될텐데..." 하고 말을 하자 "할아버지, 나 그러면 100살까지 결혼 안 할 거예요"라고 하는 것이다. 무슨 말인고 하니 결혼을 최대한 늦게 해서 할아버지가 오래 살기를 바란다는 뜻이었다. 어쩜 말도 그리 예쁘게 하는지, 승림이의 말에는 늘 할아버지 할머니에 대한 애정이 진하게 담겨 있다.

둘째 손자 영하는 제 아버지를 닮아 신중하면서도 리더십을 갖추고 있다. 미국 매사추세츠주 소재의 명문 사학 The Fessenden School을 수석으로 졸업하며 9학년 전체 수석까지 2개의 메달을 목에 걸었다. 수석졸업자만 동판으로 이름을 새기는 전통에 따라 학교 명예의 전당에 한국인 최초로 이름을 올리기도 했다. 이후 미국 필립스 아카데미에서 우수한 성적으로 고등학교를 마치고 전통의 명문대학인 프린스턴대학에 특차로 합격했다.

영하는 어릴 때부터 공부뿐 아니라 음악, 체육(테니스) 등 다방면에 재능이 많았다. 공부로 바쁜 와중에도 늘 다른 분야에 도전하는 것을 즐거워 했다. 대학교 1학년을 마친 뒤에는 한국에 나와 국방의 의무를 잘 완수했으며, 프린스턴대학교를 졸업한 뒤 현재는 Jane Street라는 국제금융회사에서 근무하고 있다.

영하의 사진을 본 사람들은 젊은 시절의 내 모습과 많이 닮았다고들 한다. 영하가 어릴 적 인터넷에서 내 기사를 접한 뒤 자신의 롤모델은 할아버지라며, 자신도 할아버지처럼 사회에 이바지하는 사람이 되겠다고 했을 때의 감격은 이루 말할 수가 없었다. 늘 최고가 되기 위해 노력하는 한편, 사회에 좋은 영향을 미치는 인물로 잘 성장할 것이라 기대하고 있다.

막내 손자 성하는 강남 소재 GIS international school 11학년에 재학 중이며 마찬가지로 학년 전체 1등을 하는 등 뛰어난 성적을 거두고 있다. 졸업 후에는 누나 형과 마찬가지로 미국에 있는 대학으로 진학할 예정이다. 어떤 분야로 진로를 정할지 아직은 모르지만, 무엇을 하든 뛰어난 인재가 될 것이라 생각한다.

상욱이 24시간 병원 일에 몰두하며 바쁜 아버지로 살고 있음에도 손주들이 자신의 분야에서 능력을 발휘하고 명문학교를 졸업한 데에는 며느리의 헌신적인 돌봄이 큰 몫을 했다. 며느리는 아이들이 명문학교를 우수한 성적으로 졸업해 세계적으로 유망한 기업에 취업한 공로를 모두 나에게 돌린다. 자신은 부모로서 할 일을 했을 뿐, 시부모님이 미국학교의 학비나 기숙사 비용 등 금전적으로 부족함 없는 지원을 꾸준히 해 준 덕에 아이들이 수준 높고 다양한 교육의 기회를 누릴 수 있었다는 것이다. 본인의 고생이 왜 없었겠냐마는, 손주들에게 필요한 것이라면 무엇이든 다 해 주고 싶었던 나의 마음을 알아 주는 모습이 또 한편으로 고마울 따름이다.

한 사람이 잘 되기 위해서는 '그 사람 혼자'만의 노력만으로 부족하다. 눈에 보이지 않는 조상의 음덕으로부터 부모의 노력, 배우자의 헌신이 조화를 이룬 가운데 본인의 노력이 더해 성공의 열쇠가 주어지는 것이다. 나를 비롯해 상희, 상욱까지 한 명도 어렵다는 의학박사가 한 집 안에서 세 명이 나오고, 또 대를 이어 손주들이 명문학교를 졸업하며 번창하는 것은 모두 나의 아버지를 비롯한 조상님의 음덕 위에 아내의 내조, 그리고 아들과 며느리의 헌신이 잘 어우러진 공일 것이다.

나는 지금도 후손들에게 재산을 많이 물려주는 것보다, 필요한 시기에 그에 맞는 뒷바라지를 해 주는 것이 더 가치있다고 생각한다. 한참 공부할 나이에 아낌없이 투자해 줘야 미래에 무궁무진한 가능성과 기회가 주어지기 때문이다.

　종종 손주들에게 말한다. 힘들고 어려운 일이 생기면 혼자 속앓이 하지 말고 할아버지에게 이야기하라고. 너희들에게는 풀기 어려운 문제일지 몰라도 할아버지는 답을 내어줄 수 있다고. 비단 금전적인 부분에 대한 것만은 아니다. 살아온 시간 속에 축적된 다양한 삶의 지혜를 손주들에게 가급적 많이 전해 주고 싶다. 할아버지의 살아온 이야기, 그 속에서 배운 지혜와 용기, 시행착오와 후회까지. 그것이 내가 이 책을 남기는 이유이기도 하다.

가족사진

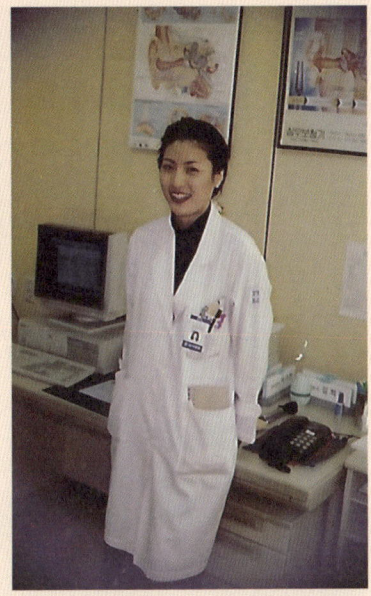

윗줄은 딸 상희의 대학 및 수련의 시절 모습
아랫줄은 딸 상희의 잡지모델 시절

1 유광사여성병원의 불임의학연구소 소장으로 취임한 아들

2 남해신문에 소개된 유광사여성병원 소식

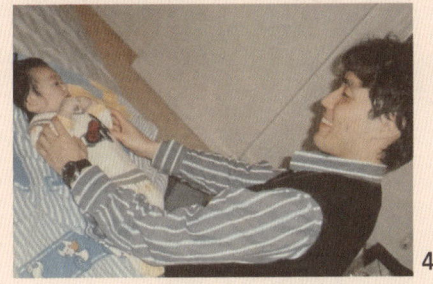

3 아들 내외의 결혼식 사진
4 손주를 돌보고 있는 아들 상욱
5 손녀딸 승림이와 우리 부부가 함께 찍은 흑백 사진

6 아들이 하버드대학 연수를 마치고 귀국 후 촬영한 가족 사진-아래 제일 왼쪽이 첫째 손녀 승림, 내가 안고 있는 아이가 막냇손자 성하, 제일 오른쪽 둘째 손자 영하

7 첫째 손녀 승림 대학교 졸업식 때

8 둘째 손자 영하가 국제학교에서 메달을 딴 뒤
9 영하의 프로필 사진
10 영하의 군 시절

11 딸 상희가 보낸 생일 축하 카드(2008년)
12 막냇손자 성하가 보낸 카드(2014년)
13 이번 83번째 생일에 조카들이 건네준 축하 카드(2024년)

유 승림,

사랑하는 손녀 유승림아!
너무 너무 보고싶고 사랑한다, 잘 있지? 어제는 승림, 영하외 다 모여서 식사했다. 영하랑 연락하면서 잘 지내라. 문자 보낼 때 마다 하는 단골 메세지지? 진짜 너무 보고싶은 마음이다. 의과대학원 생활에 충실히 하면서 항상 즐거운 마음으로 보내거라. 눈만뜨면 승림. 영하생각이 제일먼저 떠오른다. 불편한 것 있으면 엄마, 아빠, 할아버지에게 이야기 하여라. 안되는 것은 할아버지가 다 해결해 줄 것이다. 어제 식사할때 성하보고도 누나, 형있는데 가고싶은지 너무 열심히 공부하더라. 식사하면서도 책에 눈을 안떼고 공부하는 것 보니. 의지가 대단하더라. 성하도 누나, 형한테 가려는 마음이 꽉 차있으니. 성하까지 미국가면 엄마, 아빠가 너무 심심할 것 같으니 성하는 한국에 있으면 좋겠다고 넌지시 물어봤더니 미국가고싶은 마음이더라. 미국 가거든 잘 도와주거라. 보고싶다. 불편한 것 있으면 이야기하면 다 도와 줄것이다. 돈도 필요하면 할아버지에게 이야기 하여라. 아빠랑 할아버지가 열심히 밤낮없이 환자보는 것은 우리 승림, 영하, 성하를 불편한 것 없이 공부 잘 하라고 하는 것이다. 우리 승림이는 영리하고 똑똑하니 성하도 잘 도와 줄거라 생각한다. 보고싶다. 할아버지, 할머니가.

유 영하

우리집 기둥이고 희망인 손자 유영하야!
너무 너무 보고싶고 사랑한다, 잘 있지? 어제는 승림, 영하외 다 모여서 식사했다. 누나랑 연락하면서 잘 지내라. 문자 보낼 때 마다 하는 단골 메세지지? 진짜 너무 보고싶은 마음이다. 대학생활에 충실히 하면서 항상 즐거운 마음으로 보내거라. 눈만뜨면 승림, 영하생각이 제일먼저 떠오른다. 불편한 것 있으면 엄마, 아빠에게 이야기하고 할아버지에게도 이야기 하여라. 안되는 것은 할아버지가 다 해결해 줄 것이다. 어제 식사할때 성하보고도 누나, 형있는데 가고싶은지 너무 열심히 공부하더라. 식사하면서도 책에 눈을 안떼고 공부하는 것 보니. 의지가 대단하더라. 성하도 누나, 형한테 가려는 마음이 꽉 차있으니. 성하까지 미국가면 엄마, 아빠가 너무 심심할 것 같으니 성하는 한국에 있으면 좋겠다고 넌지시 물어봤더니 미국가고싶은 마음이더라. 미국 가거든 잘 도와주거라. 보고싶다. 불편한 것 있으면 이야기하면 다 도와 줄것이다. 돈도 필요하면 할아버지에게 이야기 하여라. 아빠랑 할아버지가 열심히 밤낮없이 환자보는 것은 우리 승림, 영하, 성하를 불편한 것 없이 공부 잘 하라고 하는 것이다. 우리 영하는 영리하고 똑똑하니 성하도 잘 도와 줄거라 생각한다. 보고싶다. 할아버지, 할머니가.

16 병원에서 10분 거리에 지은 화곡동 주택

2
진료실을 넘어 지역 사회의 일꾼으로

제2의 고향 강서구

수련의 생활을 하면서 내 이름으로 된 산부인과를 개원하겠다고 말하자 주변 사람들은 무조건 강남 지역에서 개원하라고 조언을 했다. 당시 강남은 정부의 개발계획이 본격적으로 추진되면서 중산층과 상류층을 위한 고급 주거지들이 자리 잡기 시작했다. 특히 압구정과 청담동 일대에 대형 아파트 단지가 들어서면서 많은 인구가 유입됐고 자연스레 강남대로와 올림픽대로 등 교통 인프라들이 잘 갖춰졌다. 병원의 운영과 발전 가능성을 고려한다면 당연히 강남지역에 터를 잡는 것이 여러 모로 유익했다.

그러나 바로 그 이유 때문에 나는 강남을 선택하지 않았다. 경제적 여유가 있고 교통이 좋다는 이유로 강남 일대에는 이미 많은 병원들이 자리하고 있었다. 앞으로도 더 많은 병원이 들어설 터였고, 그만큼 지역 주민들이 의료서비스를 누리는 데 부족함이 없어 보였다. '보다 많은 사람들이 양질의 의료혜택을 받게 하고 싶다'라는 개원 취지를 고려하면, 다소 낙후됐더라도 다양한 지역의 사람들이 접근하기 용이한 곳을 찾는 것이 옳았다.

수련의 생활로 잠 잘 시간도 부족했던 나를 대신해, 어머니께서 매일같이 마땅한 병원 부지를 찾아 다니셨다. 지금처럼 인터넷이 발달한 시대도 아니었고 지역 정보가 정리된 자료가 있는 것도 아니었다. 한 평생을 남해의 작은 마을에서만 살아오셨기에 서울 지리가 꽤 낯설었을 것임에도, 어머니는 여러 사람들에게 물어가며 좋은 지역을 알아오셨다. 〈강서구 화곡동〉. 어머니께서는 서울 강서구에 화곡동이라는 작은 동네가 있는데 이곳에 병원을 개원하는 것이 좋겠다고 말씀하셨다.

1970년대 화곡동은 주로 서민과 노동자 계층이 많이 거주하는 동네로, 특히나 어머니께서 권하신 곳은 도로도 제대로 정비돼 있지 않은 황량한 벌판이었다. '아무리 의료혜택이 부족한 동네에서 개원하겠다고 했지만, 이렇게까지 낙후된 곳에서는 병원 운영 자체가 어렵지 않을까?' 하는 생각이 들었다. 하지만 조금 더 살펴 보니 이곳이 서울 중심에서 접근하기 쉬우면서도, 한편으로는 서울 외곽 쪽에 자리하고 있어 경기 서부 일대에서도 찾아오기 쉬울 듯 했다. 내 뜻을 아시는 어머니께서 오죽 잘 알아보셨을까. 나는 그날로 화곡동 부지를 매입해 병원 건물을 짓기 시작했다.

어머니의 선견지명은 적중했다. 근처에 이만한 병실을 갖춘 산부인과는 보기 어려웠기에 강서구뿐 아니라 양천구와 마포구, 종로구, 경기 김포 일대의 많은 산모들이 우리 병원을 찾았다. '강서구의 아기들 중 80%는 다 유광사 산부인과에서 태어난다'라는 말을 들을 만큼 많은 아기들이 우리 병원에서 태어났다. 앞서도 이야기 했지만 아기의 출생신고를 할 때 태어난 병원을 기록하는데, 직원이 서류를 접수하기만 하면 '유광사 산부인과의원'이라고 써 있는 바람에 '우리 동네 아이들은 전부 이곳에서 태어나나 봐요' 하고 말할 정도였다.

많은 환자들이 "우리 동네에 유광사 산부인과처럼 큰 산부인과가 생겨서 얼마나 좋은 지 몰라요"라고 말할 때면 다시 한번 부모님께 감사한 마음이 들었다. 당시에는 수련의가 바로 개원하는 경우도 드물었고, 개원을 하더라도 작은 상가의 2층에서 시작해 점차 확장해 나가는 것이 일반적이었다. 그러나 나는 아버지의 유산 덕에 레지던트 4년차 때부터 땅을 구입해 3층 건물을 지었고 2월 말에 레지던트 수련을 마치자 마자 3월 초에 바로 병원을 개원해 환자들을 볼 수 있었다. 또한 어머니가 열심히 좋은 부지를 알아봐 주신 덕에 많은 산모들이 쉽게 찾을 수 있는 위치에 자리를 잡을 수 있었다. 바쁜 나를 대신해 병원 공사를 하나하나 챙겨준 아내의 공도 컸음은 물론이다.

환자들만 우리 병원의 혜택을 본 것은 아니다. 나는 눈코뜰새 없이 분만실을 드나들던 그 시기에 의사로서의 실력이 가장 많이 늘었다. 학교에서 배우고 큰 병원에서 수련받은 것도 많은 공부가 됐지만, 내 이름을 걸고 처음부터 끝까지 환자를 책임지는 과정에서 정말 많은 것을 배울 수 있었다. 그렇기에 환자들만 내게 고마운 것이 아니라 나도 환자들에게 고마운 것이다. 세상에 일방적인 관계란 없지 않은가. 내가 마냥 주는 것 같아도 돌아보면 받은 것이 더 많은 것이 인생사다.

개인 유광사가 자란 곳은 남해 진목마을이지만, 의사 유광사를 키워준 곳은 강서구 화곡동이다. 한밤중 언제라도 위급한 산모가 실려오면 지체없이 진료하기 위해 병원 건물 3층에 가정집을 차렸을 때부터 나는 유광사 산부인과를 직장이 아닌 내 집이라고 생각했다. 때문에 주변 사람들이 '그만하면 강남으로 옮기는 것이 이득 아니냐'라고 말할 때도 흔들림 없이 이곳을 지켰다. 남은 평생에도 이 동네를 떠날 일은 없을 것이다. 강서구 화곡동은 제2의 고향이자 내 삶의 전부를 쏟아부은 터전이다.

의사의 기본은 '박애'와 '봉사'

의사에게 가장 보람된 순간은 자신이 돌본 환자가 무사히 건강을 회복할 때일 것이다. 50여 년 동안 산부인과 의사로 살아온 내게는 우리 병원에서 태어난 아기가 건강하게 성장해 산모가 되어 다시 병원을 찾아올 때가 가장 보람된 순간이다. 그런데 의사 생활을 거듭할수록 내가 치료하는 환자만이 아닌, 보다 많은 이들의 건강 증진을 위해 기여해야 한다는 생각이 들었다. 한 명의 의사가 탄생하기까지 그의 부모나 가족들의 지원이 뒷받침되어야 함은 물론이고 많은 환자들의 도움이 따라야 한다. 혼자만의 노력이 아닌 사회의 도움 아래 좋은 의사가 길러지는 법이다. 그렇기에 의사는 공공의 일원으로 지역 사회의 이웃들, 나아가 얼굴은 몰라도 같은 시대를 살고 있는 사람들을 위해 자신의 재능을 나눌 줄 알아야 한다. 이것이 내가 바쁜 진료 일정 중에도 시간을 내어 무료진료봉사를 다니고 다양한 기부를 행한 이유이다.

앞서 말했듯이 예전의 화곡동은 주로 서민층이 살던 지역이었다. 건강보험급여가 자리를 잡기 이전에는 돈이 부족해 병원에 올 엄두도 못내던 사람들이 허다했다. 나는 누구든 돈이 없어서 진료를 받지 못하는 일은 없어야 한다는 생각에, 환자가 지불 가능한 만큼만 치료비를 받되 사정이 너무 힘든 이들에게는 돈을 받지 않았다. 그러면서 한편으로는 '저 환자들은 그래도 우리 병원을 찾아왔으니 치료를 받을 수 있었지만, 곳곳에 돈이 없어 병원을 오지 못해 병을 키우는 사람들이 얼마나 많을까?' 하는 생각을 했다. 그래서 주변 동료들이나 행정관계자들을 통해 무료진료봉사가 있다는 소식이 들리면, 가급적 스케줄을 맞춰 봉사현장을 찾았다.

예전에는 산모가 아닌 여자가 산부인과를 찾는 것 자체를 터부시 하고 부끄러워하는 경향이 있었다. 그러나 여성이라면 임신, 출산이 아니더라도 다양한 부인과 질환에 대비해 산부인과에서 정기검진을 받는 것이 매우 중요하다. 또 요즘은 다양한 매체가 발달하고 성에 대한 지식이 많이 양성화됐지만, 과거에는 그런 지식을 공유할 수 있는 곳이 드물었다. 하여 여러 강연을 통해 성생활과 피임법에 대한 정보를 알리는 데에도 힘을 썼다.

그렇게 오랜 기간 양로원과 고아원에 무료진료 및 봉사를 다니고 형편이 어려운 외국인 무료분만 진료봉사, 의료강의 등을 열심히 다닌 덕에 정부로부터 지역사회에 헌신한 공로를 인정받아

1994년에는 국민훈장 목련장, 2001년에는 국민훈장 동백장을 수훈했다. 그 외에도 2014년 대한민국을 빛낸 21세기 한국인물대상 '대한민국을 빛낸 보건의료 봉사 공로부문' 수상, 대한적십자사에서 수여하는 '적십자회원유공장 금장' 수상 등 지역 사회의 보건의료와 복지 증진에 헌신한 공로로 수많은 상을 받았다.

이 책에서 새삼 목련장, 동백장, 보건의료 부문 공로상 수상의 업적을 언급하는 것은 이것이 의사로서 가장 자랑스러운 상이며 주변에 널리 알림으로써 젊은 의료인들에게 귀감이 되어야 한다고 생각하기 때문이다. 요즘 많은 사람들에게 '의사'는 '환자를 돌보는 사람'이기 이전에 '돈 많이 버는 직업', '출세한 사람'이라는 이미지가 강하다. TV나 영화 등에서 의사를 고소득의 잘 나가는 이미지로만 그린 까닭도 있을 것이고, 실제로 다른 직업군에 비해 의사의 수입이 높은 것도 사실이기 때문이다. 그러나 의사는 대학시절부터 다른 분야의 전공에 비해 어마어마한 양의 공부와 혹독한 훈련을 거쳐야 한다. 또 사람의 생명을 다루는 과정에서 고강도의 스트레스와 체력 소모가 요구된다. 밖에서 볼 때는 고학력의 엘리트들이 편하게 많은 돈을 벌어들이는 것처럼 보여도 오랜 기간 전문지식과 기술, 경험을 쌓고 환자의 건강을 책임지기까지의 기회비용을 생각한다면, 지금 의사들을 향한 사회의 시선에는 분명 억울한 점이 적지 않다. 그럼에도 불구하고 의사들이 꼭 명심해야 할 부분이 있다.

의사는 자신의 안위만을 우선에 두어서는 그 직분을 결코 이어나갈 수 없는 직업이라는 점이다. 의사는 공공의 일원으로서 지역 사회의 이웃들, 나아가 같은 시대를 살고 있는 사람들의 건강 증진을 위해 기여하는 것을 소명으로 삼아야 한다. 자신의 환자를 잘 치료하고 의사로서의 실력을 인정받는 것에만 머물러서는 안 된다는 얘기다. 진료실 밖으로 나가, 의료사각지대의 더 많은 환자와 이웃들을 찾아 자신의 실력을 베풀 줄 아는 참된 의사가 되도록 노력해야 한다. 상황이 허락된다면 기부를 통해 보다 많은 사람들이 의료혜택을 받을 수 있도록 돕는 것 역시 또하나의 치료 행위가 될 수 있다.

이런 나의 생각을 본 받아 아들과 딸 역시 바쁜 일정 중에도 진료봉사를 다니며 어려운 이웃에게 기부를 실천해 오고 있다. 의사가 '돈 많이 버는 직업'. '출세한 직업'이 아니라 '지역사회로부터 받은 여러 혜택을 사회로 돌려주는 공공의 자산'이라는 이미지가 잘 형성될 수 있기를 바라는 바이다.

서울특별시의회 의원 배지를 달다

나의 지역 사랑과 사회봉사 및 장학금 기부 활동을 눈여겨 본 많은 사람들이 "유 원장님은 지역 사랑도 남다르고 주민들에게 많은 신뢰를 얻고 계시니까 정치를 해 보면 어떻습니까?" 하며 정치를 권하기 시작했다. 사실 오래 전부터 정치 활동에 뜻이 없었던 것은 아니다. 학창시절부터 리더십도 있는 편이었고 장인 어른께서 남해 초대 국회의원으로 활동하셨기 때문에 정치 활동이 그리 낯선 것도 아니었다.

1990년 즈음의 어느 날로 기억한다. 강서 지역 발전을 위해 각계 사람들이 한자리에 모였다. 그 자리에는 훗날 김영삼 정부에서 실세로 활약하게 된 이원종 전 청와대 정무수석님이 강서구 지구당위원장 자격으로 함께 했다. 이 전 수석님은 내가 강서구에서 오랜 기간 헌신해 오고 있음을 잘 아시고, 지역사회 발전에 보다 많은 힘을 보탤 생각이 없느냐고 물었다. 그러면서 강서구-갑 지구당 위원장 자리를 제안하셨다. (각 선거구마다 운영되던 지구당 제도는 2004년 정당법 개정과 함께 폐지되었다.) 생각지 못한 제안에 선뜻 답을 못하고 있는데 주변 사람들은 이미 나를 지구당위원장으로 인정하며 박수를 쳐 주었다. 평생을 의사가운만 입던 내가 처음으로 정치인의 옷을 입게 된 순간이었다.

"정치에 뛰어 들었다가 지금까지 자리 잡아 놓은 것을 잃으면 어쩌려고 그래요?"

아내가 결사 반대하고 나섰다. 지금도 그렇지만 그 시절에 정치인이 된다는 것은 자신의 모든 삶을 내 걸어야 함을 의미했다. 아버지가 남해에서 초대 제헌 국회의원으로 활동하다가 1949년 국회 프락치 사건에 연루되어 고초를 겪은 것을 보고 자란 아내 입장에서는 내가 정치판에 뛰어드는 것이 반가울 리가 없었다. 하지만 마음의 결정은 바뀌지 않았다. 진료실 밖으로 나가, 보다 많은 사람들의 보건 환경과 의료 서비스를 향상시킬 수 있는 정책을 추진해 보고 싶었다. 의사 가운만으로는 불가능한 어떤 일들 말이다. 아내와 가족들은 내 결정이 확고하다는 것을 알고 나의 뜻을 지지해 주기로 했다. 그렇게 1991년, 김영삼 총재가 이끄는 민주자유당(훗날 신한국당으로 개편) 소속 강서구 갑 지역의 후보가 되어 서울특별시의회 의원 선거에 뛰어들었다.

선거운동이 시작되면서 안 그래도 바쁜 삶이 더 정신 없이 돌아가기 시작했다. 새벽이면 양복을 말끔하게 차려입고 지역 주민이 모인 곳을 찾아다니며 지지와 투표를 호소했다. 강서구에 유광사산부인과를 모르는 사람이 없다는 것과 웬만한 여성 환자라면 우리 병원을 한 번쯤은 방문했다는 사실이 선거운동을 하는데 큰 도움이 되었다. 오전에 병원의 다른 의사들이 환자들을 돌보는 동안 선거유세를 다니고, 오후가 되면 병원 진료실로 돌아와 가운을 입고 의사 유광사로서 다시 환자들을 진료했다. 정치에 뛰어들긴 했지만 내 이름 석자를 내건 병원이었기에 모른 척 할 수는 없는 노릇이었다.

그리고 마침내 56.31%의 득표율로 서울특별시의회의원에 당선됐다. 132명의 서울시의원 중에 2번 째로 득표 수가 많았던 것으로 기억하는데 그만큼 많은 분들의 성원을 받았다는 사실이 감사하면서도 자랑스러웠다.

1991년부터 본격적인 서울특별시의회 의원으로의 활동이 시작됐다. 나는 보건사회위원회와 사회복지위원회에서 활동하면서 서울시의 보건 및 사회복지 분야의 정책과 조례 제정에 적극 힘을 보탰다. 특히 의료현장에서 쌓아온 경험과 전문 지식을 바탕으로 서울시의 여러 보건정책에 의견을 낼 수 있다는 점이 좋았다. 그밖에도 강서구 지역의 의료보험조합 운영위원과 강서구의사회 회장 자격으로 지역의 의료 서비스 향상을 위해서도 노력했다.

의사는 진료실에 찾아온 환자의 병을 치료함으로써 사회에 기여하지만, 정치가는 자신이 속한 사회를 돌보며 많은 사람의 삶에 기여한다. 서울특별시의회의원으로 재직한 4년은, 의사 유광사가 아닌 정치가 유광사로서 사회발전을 위해 헌신한 소중한 시간이었다. 진료와 정치라는 두 마리 토끼를 붙잡아야 했기에 그 어느 때보다 몸은 바쁘고 괴로웠지만, 그만큼 보람도 큰 시기였다.

현실과 이상의 괴리, 다시 의사의 길로

1991년부터 1995년까지 서울특별시의회의원으로 활동하면서 정치인으로서의 시험을 성공적으로 치른 뒤, 1996년 제15대 국회의원 선거에서 신한국당 후보로 강서구 갑 선거구에 출마했다. 이미 서울특별시의회의원 출마와 함께 선거 운동을 해 보았지만 국회의원 선거는 차원이 달랐다. 각 당에서 쟁쟁한 후보자들이 지역구 의석을 차지하기 위해 물밑에서부터 치열한 선거운동을 벌였고, 당 대표를 비롯해 다양한 인물들이 지원유세를 오면서 분위기가 뜨겁게 달아올랐다. 새벽부터 늦은 저녁까지 각 지역의 크고 작은 모임들은 전부 찾아 다니며 표를 호소했고, 단체별로 요구하는 여러 제도와 지원들을 끊임 없이 검토하며 의원이 되면 반드시 실현시키겠다고 약속했다.

솔직히 말해 해당 지역구에 출마한다고 해서 그 지역의 현안을 전부 알 수는 없다. 이해관계가 걸린 사안들을 모두 이행하는 것도 불가능하다. 한 표가 절실하기에 뭐든 다 해주겠다고 말할 뿐이다. 어쨌든 선출이 돼야 좋은 정책도 추진할 수 있기 때문이다. 어느 때는 보좌관이 설명해 준 현안을 달달 외워서 그냥 읊기도 했고, 잘 모르는 문제에 대해서도 무조건 해결해 주겠다고 약속해야 했다. 내가 유권자일 때는 그런 정치인들을 보며 혀를 찼는데, 현실정치에 뛰어들고 보니 어쩔 수 없이 끌려다녀야 하는 일이 많았다.

한번은 강서구의 모 단체 사람들이 산정호수에 놀러간다는 소식이 들렸다. 그들이 출발할 장소를 입수한 뒤 아침 7시부터 보좌관들과 함께 그곳으로 향했다. 멀리 서 있는 2대의 관광버스 앞으로 달려 가서 올라타는 사람들과 일일이 악수를 하고 "재미있게 잘 놀다 오십시오" 하며 눈도장을 찍었다. 어차피 재미있게 놀다 올 사람들에게 굳이 새벽부터 찾아가 재미있게 놀다 오라는 말을 하는 것이 무슨 의미가 있나 싶었지만, 보좌관은 무조건 얼굴 한번 더 보여주는 것이 표에 도움이 된다고 말했다. 공약에 관해 관계자들과 진지하게 토론하는 것보다, 얼굴 한 번 더 보여주는 것이 투표에 도움이 된다니. 결국은 이미지 투표를 벗어나지 못하는 현실이었다.

처음에는 모르는 사람에게 무작정 악수를 건네는 것이 낯뜨거웠지만, 선거운동이 계속될수록 사람 그림자만 보여도 달려가 표를 호소하는 일이 자연스러워졌다. 선거 막바지에는 악수만 해도 '아 이 사람이 나한테 투표를 하겠구나'. 또는 '겉으로는 웃어도 나를 찍지는 않겠구나' 하는 것이 느껴질 정도였다. 보통 나를 지지하는 사람은 내 손을 꽉 잡아주고, 지지하지 않는 사람은 악수를 억지로 하거나 피하는 경우가 많았다. 간혹 건넨 손을 찰싹 때리거나 거칠게 밀어내며 욕을 하는 사람도 있었다. 그런 상황에서도 웃으며 표를 호소하는 것, 그것이 선거였다.

선거는 당 대 당의 싸움이다. 개인의 역량과 이미지가 아무리 좋아도 그 지역의 지지세를 어느 당이 갖고 있느냐가 선거 결과를 판가름한다. 강서구는 전통적으로 상대당에 대한 지지세가 강한 지역이었다. 내가 신한국당 소속으로 강서구에 출마한다고 했을 때에도 쉽지 않을 것이라고 말하는 이들이 많았다. 우려는 그대로 현실이 되었고, 나는 15개 국회의원 선거에서 낙선했다.

간혹 그런 생각을 할 때가 있다. 타인들의 인정과 지지를 받는다는 것이 무엇이기에 사람은 그토록 세상의 평가에 일희일비하는 것일까? 나에 대해 가장 잘 아는 것은 나이고, 내가 어떻게 살아왔으며 앞으로 어떻게 살아갈 지도 남들보다 나와 내 가족이 더 잘 안다. 그렇기에 세상 사람들이 나를 몰라준다고 해서 서운하게 생각할 필요는 없다. 그들의 평가가 나를 규정짓는 것이 아니기 때문이다. 그런데 사람의 마음이라는 것이 참 요상하다. 아무리 내 스스로 최선을 다해 살아왔다고 해도, 선거에 떨어지고 나니 속상한 마음이 컸다. 단지 원하는 국회의원을 못 하게 돼서가 아니었다. 내 삶에 대해 그만큼의 지지를 받지 못했다는 생각에 억울하면서도 안타까운 마음이 들었던 것이다. 혹자는 선거에서 떨어지면 비참한 마음이 든다고도 했는데, 비참까지는 아니더라도 일종의 패배감이 마음 깊이 잠식하는 것은 사실이었다. 내가 원한다는 이유로 모든 것을 제쳐두고 지지해 주었던 아내에게도 미안한 마음이 컸다. 아내가 나보다 선거운동을 더 열심히, 악착같이 뛰며 밤낮 마음 졸인 것을 잘 알고 있었기 때문이다.

낙선 후 마음을 정리하기 위해 떠난 아내와의 제주도 여행에서 "송충이는 솔잎을 먹어야지. 이만하면 됐소"라고 말했다. 내심 내가 다음 선거에 재도전한다고 말할까봐 걱정했던 아내는, 내가 더 이상 선거에 출마하지 않겠다고 말하자 안심하는 눈치였다. 아쉬움이 왜 없었겠냐마는, 나를 필요로 하는 환자들을 생각하면, 이제 의사로서 본연의 직업에만 충실하는 것이 현명한 처사였다.

서울로 돌아와 의사가운을 다시 입었고 예전의 의사 유광사로 돌아왔다. 이후 주변의 간곡한 부탁으로 열린우리당의 비례대표에 이름을 올린 적이 있긴 하지만 (어차피 뒷 순번이어서 당선가능성은 낮았다) 현실정치에서 발을 뺀 뒤 지금까지 유광사 산부인과에만 전념하고 있다.

정치가로서 실현코자 했던 것을 이루지 못한 아쉬움은 남지만, 한편으로는 그때의 경험이 더 큰 세상을 이해하는 계기를 마련해 주었다. 산부인과 진료실에만 앉아 있었다면 결코 만날 수 없던 여러 사람들, 그들의 다양한 목소리, 각양각색의 희로애락을 통해 삶을 깊이 배웠고, 한편으로는 나 자신을 돌아보는 기회도 됐다.

나를 지지하고 좋아하는 사람들이 있으면, 나를 싫어하고 욕하는 사람들도 있다는 것을 깨달았다. 면전에서 무례하게 말하는 사람들에게 웃으면서 인사하는 과정에서 참는 법도 배웠다. 정치에 뛰어들기 전의 유광사와 그 후의 유광사는 완전히 다른 사람이었다. 선거운동 과정에서 이상과 다른 현실을 마주하며 자괴감도 느끼고, 경제적으로나 정신적으로 손해를 본 것도 사실이지만 그 이상의 배움을 얻었기에 그 시간을 결코 후회하지 않는다.

평양산원에 방문하다

중앙 정치 무대에서 내려왔지만 지역사회를 향한 사회공헌 활동은 계속됐다. 회장으로 역임했던 강서구의사회에서 실시하는 무료검진과 불우이웃돕기 행사, 장학금 기부 등을 꾸준히 이어갔고, 대한의사협회 자문위원으로서 저소득층과 소외 계층을 위한 보건정책 개선에도 계속 목소리를 냈다.

그러한 활동 덕분인지 2003년, 남북한의 의료협력방안 모색을 위해 발족된 남북의료협력대표단에 소속돼 4일 간의 일정으로 평양에 방문하는 기회를 갖게 됐다. 북한의 의료환경을 직접 볼 수 있다는 점에서 의사로서나 한민족으로서 매우 의미있는 방문이었다.

북한 조선의학협회 관계자들과 만나 남북의료협력 방안을 협의하고 현지의 의료실태를 파악하기 위해 나를 포함해 당시 서울시의사회장, 한국여의사회장, 고대의무부총장, 전공의협공동대표, 대한의사협회 사무총장 등 10여 명의 의료계 대표들이 평양으로 향했다.

당시는 금강산 육로 관광이 가능할 만큼 남북한의 교류가 활발하던 시기였지만, 몇 년 전 금강산 관광 도중 우리 관광객이 억류되는 일도 있었기 때문에 각별히 조심스러운 마음을 갖고 평양으로 향했다.

평양에 도착한 뒤 처음 일정은 평양시 대성구역에 있는 금수산 궁전 방문이었다. 그곳에는 1994년 사망한 김일성의 시신이 안치돼 있는데, 북한의 최고 지도자를 모셔둔 곳이어서 그런지 그 규모가 매우 크고 웅장했다. 김일성의 시신이 부패되지 않도록 큰 돈을 들여 보존처리했다는 이야기는 익히 들었지만, 사망한 지 10년 가까이 됐음에도 유리관 안에 그 원형이 보존돼 있는 광경은 퍽 신기했다. 개인적으로는 뒷목의 혹이 그대로 있을까 궁금해서 얼른 목을 봤는데, 제거를 했는지 혹은 보이지 않았다.

이튿날 평양산원을 방문했다. 평양산원은 북한에서 운영하는 100병상 규모의 공공병원이다. 우리나라의 산부인과처럼 산모들의 임신, 출산을 돌보고 그밖의 여러 부인과 질환을 치료할뿐만 아니라 소아과, 내과 등 여러 진료과목이 개설돼 있다. 규모도 규모지만 내부가 전부 대리석으로 지어져 있었고 커다란 행사장에서나 볼 법한 화려한 조명이 설치된 것이 인상적이었다. 북한에서는 그 정도 병원을 아무나 이용할 수 없고, 평양 안에서도 중산층 이상의 산모와 환자들만 진료와 입원이 가능하다고 했다.

다른 의사들이 "유 원장이 산부인과 의사니까 제일 앞에 나가서 보세요"라며 배려해 준 덕에 앞장 서서 평양산원 원장과 이야기를 나눌 수 있었다. 물론 진짜 속 얘기를 나눈 것은 아니었고 형식적인 의료 정보를 주고 받은 것이 전부였다. 그곳에 갓 태어난 아기들이 많이 있었는데, 남북한의 상황과 현실을 차치하고 갓난 아기들의 순수한 얼굴을 보고 있자니 모든 긴장이 녹아내리는 것 같았다.

이후 보통강호텔 회의실에서 조선의학협회 사람들을 만나 북한의 병원 시설과 제약사 설립 및 운영 등에 대해 여러 지원 방안을 논의했고, 이후로도 꾸준히 인도적인 지원을 통해 북한주민들의 보건의료환경을 향상시키는데 뜻을 모았다.

뉴스로 접하는 북한은 멀고 낯선 나라이지만, 의료인들끼리 머리를 맞대고 대화를 나눠보니 정말로 우리가 한민족이며 같은 하늘 아래 살고 있는 겨레라는 생각이 들었다. 다른 나라 사람들도 돕고 사는데 하물며 동족에게 의료적인 도움을 어찌 마다하겠는가. 앞으로 도울 수 있는 것을 열심히 돕겠다는 약속과 함께 서로의 대화를 마무리했다.

국제 정세와 정치적 환경으로 인해 남북한의 관계는 수시로 얼어붙었고 지금은 아무 것도 도울 수가 없는 처지가 된 것이 안타까울 따름이다. 언젠가 다시 교류의 물꼬가 트이면, 많은 의료인들이 북한의 의료보건환경 개선을 위해 보다 편하게 오갈 수 있는 날이 오기를 바라는 마음이다.

1 지역 어르신을 위한 봉사활동 당시
2 서울특별시의회 의원 시절 연설하던 모습

3 청와대에서 노태우 대통령과 악수를 나누며
4 신한국당 강서(갑)지구당위원장 시절, 김영삼 대통령과 악수를 나누며

6   강서갑 지구당 위원장 시절
7   왼쪽은 국회의원 선거 출마 당시 명함, 오른쪽은 강서구 갑 지구당위원장 시절 명함
8   국회의원 선거 출마 당시 어머니께서 함께 하신 모습

9 김영삼 대통령으로부터 수훈받은 '국민훈장목련장'(1994년)
10 김대중 대통령으로부터 수훈받은 '국민훈장동백장'(2001년)

11

12

---

11 국민훈장 목련장, 동백장 수훈(각각 1994년, 2001년)을 기념하며
12 국민훈장 동백장 수훈 당시 아내와 함께(2001년)

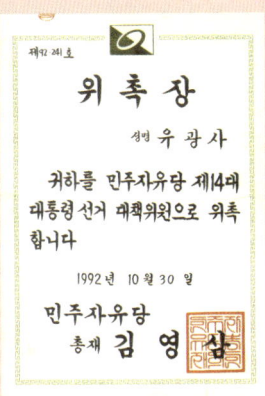
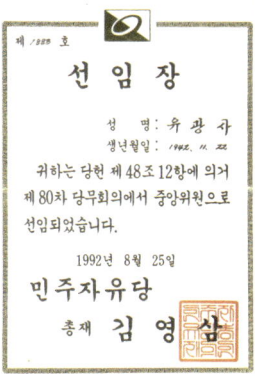
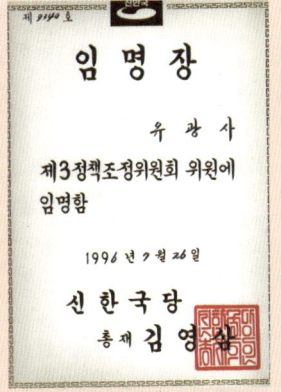
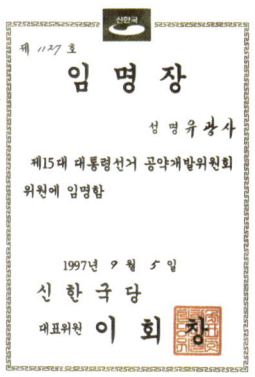
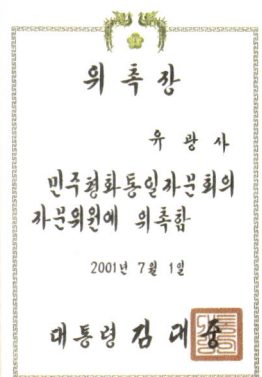

13 정치 활동 시절 받은 다양한 위촉장 및 임명장

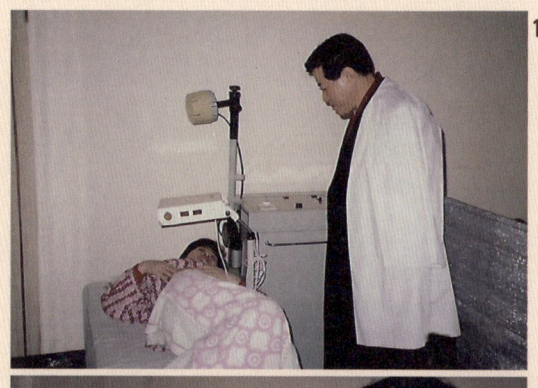

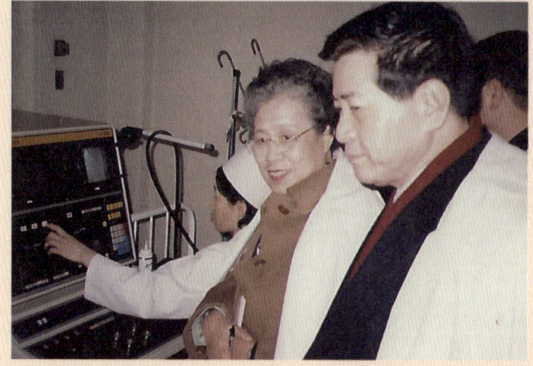

14 남북의료협력대표단 자격으로 평양에 방문했을 당시, 금수산 궁전 앞에서(2003년)

15 남북의료협력대표단 자격으로 방문한 평양산원에서(2003년)

16 평양산원 병원장과 함께(2003년)

3
노블레스 오블리주

어머니의 기도

생전에 어머니께서 늘 하시던 말씀이 있다.

"다른 사람들에게 베풀 수 있는 사람이 되거라."

어머니는 주변 사람들에게 베푸는 걸 좋아하셨다. 누군가는 형편이 좋으니까 당연한 것 아니냐고 말하겠지만, 많은 것을 가졌다고 반드시 많이 베푸는 것은 아니다. 어머니는 아버지 덕에 삶의 여유를 누리면서도, 목에 힘을 주거나 남에게 대우받는 것을 경계하셨다. 오히려 그 여유를 남과 나눌 줄 아는 것이 진정한 부(富)라고 강조하셨다. 그런 생각에는 종교적인 영향도 컸을 것이다. 어릴 적

우리 집뿐 아니라 마을 사람들 대다수가 천도교를 믿었다. 천도교는 '인내천(人乃天), 사람이 곧 하늘이다'라는 사상으로 모든 사람을 존중하도록 가르친다. 19세기 동학에서 출발해 3·1운동 확산에 지대한 영향을 미친 민족 고유의 종교이다 보니, 3·1운동의 발상지였던 남해 설천면과 천도교는 지금도 인연이 깊다. 천도교에서는 '시천주 조화정 영세불망 만사지(侍天主 造化定 永世不忘 萬事知)'라는 기도주문을 외우는데, 이는 '하늘의 조화로운 섭리를 따라 살면 모든 것을 깨닫게 된다'라는 뜻이다.

일요일이면 어머니는 천도교 교당을 찾아 기도를 드렸다. 간혹 어머니를 따라가 보면, 늘 '나와 동생들이 바르게 자라기'를 빌고 또 비셨다. 유추해 보건대, 어머니가 빌던 '바르게 자람'이란, '주변에 베풀고 도움을 줄 수 있는 사람'으로의 성장을 뜻하는 것이 아니었을까. 어린 시절부터 보여주신 베풂의 씨앗이 내 삶의 커다란 줄기로 뻗었으니 말이다. 어머니의 기도 덕분인지 나는 지금도 나의 성취와 자산을 주변에 잘 베풀어야 진짜 부자가 된다는 생각을 갖고 있다. 부의 기준을 많이 갖는 것에 두면 결코 불행을 벗어날 수 없다. 사회에 어떤 역할을 할 사람인가, 무엇을 베풀 수 있는 사람인가가 내 삶의 가치를 결정한다. 그것이 내가 어머니에게 배운 원칙이고 또 지금 나의 자식들에게 가르치는 삶의 철학이다.

세금도 나눔이다

　　　　　　　　　　유광사여성병원의 규모가 크다 보니 당연히 법인일 거라고 생각하는 사람이 많지만, 유광사 산부인과 시절부터 이 병원은 온전히 내 개인 소유였다. 병원을 개인이 소유하는 것과 법인이 소유하는 것은 세금 측면에서 여러 가지 차이가 있다. 우선 개인병원은 법인병원 보다 두 배 이상의 많은 세금을 내야 한다. 개인병원은 수익을 비용처리하기도 어렵고 세제 혜택도 적다. 법인일 경우 취득세나 재산세 등에서 일부 세금이 경감될 수 있지만, 개인병원일 경우 그러한 혜택도 볼 수가 없다. 증여를 할 때도 개인병원은 과세 대상에 해당한다. 특히나 산부인과 전문병원은 다른 진료과목을 전문으로 하는 병원들에 비해 세금이 이익금의 약 40%에 이를만큼 높은 편이다. 주변에서는 "세금을 그렇게 많이 내는 것이 아깝지 않습니까?"라고 묻는다. 그럴 때마다 나는 "많이 버는데 그 정도 세금을 내는 건 당연한 일이죠"라고 답한다. 간혹 세금 내는 것이 아까워 편법을 쓰는 사람들도 있는데, 나는 애써 그런 노력을 기울여 본 적이 없다. 세금을 낼 만큼 다 내도 나와 가족들이 먹고살기에 부족함이 없기 때문이다. 또한 세금을 정직하게 납부해야 스스로도 떳떳할 뿐 아니라 경영을 투명하게 할수록 이익이 잘 난다.

특정 단체에 돈을 기부할 때는 훌륭하다며 박수 치던 사람들도, 세금 많이 내는 것은 아깝게 볼 때가 있다. 하지만 이는 잘못된 생각이다. 세금은 어쩔 수 없이 내는 돈이 아니라, 모두가 함께 잘 살기 위해 당연히 납부해야 하는 돈이다. 또 다른 사회 기부인 셈이다. 내가 봉사와 기부활동으로 받은 국민훈장 목련장과 동백장만큼이나 자랑스럽게 생각하는 상이 납세의 의무를 성실히 이행함으로써 받은 재무부장관 표창과 국세청장 표창인 것도 바로 이러한 이유이다.

"저도 원장님처럼 다른 사람들 많이 돕고 기부도 많이 하고 싶은데요. 벌이가 시원치 않아서 못 하고 있어요"라고 말하는 사람들이 있다. '언젠가 돈을 많이 벌면 기부 많이 해야지'라는 생각을 하지만, 사람은 돈을 벌면 그만큼 쓸 곳도 많아지기 때문에 늘 돈이 부족하다고 느끼게 돼 있다. 그래서 나는 이렇게 말해 준다.

"기부할 여건이 안 되면 세금이라도 정직하게 잘 납부하세요. 그렇다면 당신은 이미 훌륭한 기부를 하고 계신 겁니다."

고향 진목마을에 세워진 공적비

어린 시절 일화에서 잠깐 소개했지만, 나는 중고등학교 시절 유명한 개구쟁이요 틈만 나면 농땡이를 치는 도피대장이었다. 농업고등학교의 특성상 농사실습 참여가 필수였음에도, 뜨거운 햇볕 아래 논에 들어가는 것이 싫어서 실습시간만 되면 부랴부랴 가방을 싸서 집으로 도망갔다. 그때마다 실습선생님은 "저 학생은 커서 뭐해 먹고 살려고 저러나" 하시며 혀를 차셨다.

개원 후 몇 년쯤 지나 그 실습선생님이 교장선생님이 되어 우리 장모님과 함께 나를 찾아오셨다. 모교 학생들이 음악수업을 하는데 낡은 풍금 한 대 말고는 없으니, 내가 피아노를 좀 기증해 주었으면 좋겠다는 부탁을 하러 오신 것이다. 망설일 것도 없이 학교에 피아노를 기부했고, 이후로도 시계탑 건립 등 학교 발전을 위해서라면 지원을 아끼지 않았다. 언젠가 남해군수의 요청으로 남해 일일 명예군수직을 수행했을 때에는 1천만 원을 향토장학금으로 기부하기도 했다.

이런 등등의 이유로 모교인 남해제일고 역사관(망운관)에는 나의 이름이 자랑스러운 동문으로 새겨져 있다. 언젠가 후배들이 사회의 일원이 됐을 때 그들 역시 후배들에게 좋은 영향을 미치는 선배가 되는, 선순환이 이뤄지기를 바라는 마음이다.

내가 자란 남해 진목마을은 작은 촌이지만, 제법 훌륭한 사람들이 많이 나왔는데 이명박 전 대통령 재임 기간 국회의장을 지낸 박희태 전 고문을 비롯해 여상규 전 국회의원, 이재열 전 경상남도의회 의원, 김두관 전 경상남도지사, 정현태 전 남해군수, 김충효 시인, 최민렬 서예작가, 김양필 전 남해중학교 교장, 정대호 전 남해제일고등학교 교장 등이 그렇다. 조그마한 시골마을에서 훌륭한 인재들이 많이 배출되는 비결이 무엇인지는 모르지만, 향우들이 고향 발전을 위해 덕을 쌓는 것이 다음 세대에도 좋은 영향을 미치리라는 믿음을 갖고 있다. 내가 물심양면으로 고향사랑에 앞장서는 것도 바로 이 때문이다.

유광사가 서울에서 아주 유명한 산부인과 의사가 됐더라는 얘기를 듣고는 고향분들이 종종 인사를 오셨다. 서울에 들른 김에 안부를 물을 겸 오시는 분들도 계셨고, 고향마을에 대한 투자를 부탁하기 위해 부러 찾아오시는 분들도 계셨다. 어떤 경우든 그분들을 극진하게 모셨고 빈손으로 돌아가지 않도록 예우했다. 한 번씩 관광버스를 대절해 고향 어르신들을 서울로 모셨고, 그때마다 큰 식당을 예약해 식사를 대접하고 고향발전을 위한 기부금도 전달드렸다. 평생 고향땅을 지키면서 터를 닦아주시는 것에 대한 감사의 표시였다.

어릴 적 공출(供出)제도가 있었다. 해방 이후 한국전쟁이 발발했을 때 군량미를 확보하기 위해 국가가 농민들에게 수확한 곡식에 대한 공출을 요구한 것이다. 정부에서 우리 마을의 쌀과 보리를 공출하러 올 때면 마을의 작은 길목은 그야말로 아수라장이 됐다.

길바닥에 농사지은 쌀, 보리들을 잔뜩 쌓아 놓고 면사무소 직원이 곡식의 품질을 확인했다. 안 그래도 비좁은 길에 곡식 포대와 나락들이 뒤엉키면서 버스가 그 길을 지나지 못해서 이리저리 길을 치우고 간신히 통과해야 했다. 혹여 마을에 초상이라도 나면, 상여가 지나가는 길목에 쌓여 있는 곡식 포대들을 옮기느라 사람들이 동원되고 상여도 비좁은 길을 지나느라 진땀을 빼야 했다. 어린 눈에도 그 모습은 위험천만해 보였지만, 땅 한 조각이라도 있으면 뭐라도 심기 바쁜 가난한 농촌에서 길을 넓게 내기란 쉽지 않은 일이었다.

어느 날 아버지의 선산을 방문하고 돌아오는 차 안에서 아내에게 "마을의 그 비좁은 길을 더는 두고 볼 수 없으니 넓은 터를 기증해야겠어"라고 말했다. 이미 여러 차례 고향에 금전적 지원을 했던 터에 길까지 내겠다고 하니 아내는 조금 놀란 눈치였다. 하지만 고향에 대한 내 마음을 누구보다 잘 알고 있었고, 나만큼이나 고향을 사랑하는 아내였기에 곧 내 의견을 따라주었다. 그렇게 마을 땅 200평을 사서 고향에 기증했다. 비좁고 위험한 마을 입구에 넓은 공간을 확보해 버스들이 편하게 지나다니고, 공출을 할 때 곡식단을 쌓아두거나, 누가 돌아가셨을 때에도 상여가 안전하게 지나다니도록 한 것이다. (기증한 땅은 현재도 빈터로 동네에서 잘 활용되고 있다고 한다.)

고향분들은 누구도 선뜻 하기 힘든 일을 해결해 준 것에 대해 깊은 감사의 인사를 보내주었고, 공적비를 제작해 세워주었다. 공적비에는 나의 애향심을 기리는 마을 주민들의 마음이 담겨있다. 돌에 새겨진 기념글도 고마웠지만 고향에 대한 애틋한 마음이 마을 사람들에게 잘 전달되었다는 생각에 가슴 한켠이 뿌듯했다.

> 여기 이 터를 동민의 광장으로 만들어
> 동민의 화합과 단결로
> 내 고향 발전을 바라는 짙은 애향심에서
> 의학박사 류광사님께서 기증하였기에
> 이 글을 새기며
> 우리 모두 힘써 노력하여
> 살기 좋은 마을을 만들어
> 뒷날을 사는 사람들에게
> 물려주기를 다짐하며
> 이 돌을 세웁니다.
>
> 진목 동민 일동
> 서기 1986년 7월 12일

진목마을 공적비에 새겨진 기념 문구

고향 발전을 위해 비단 물적인 지원만 한 것은 아니다. 눈코 뜰 새 없이 바쁜 중에도 재경설천면향우회 6대 회장을 11년 동안 맡았고, 재경강서구남해향우회 회장을 18년, 재경남해군향우회 회장을 2년간 역임하며 봉사했다. 재경남해중-제일고총동문회 초대회장 직도 2년간 역임하면서 제1회 자랑스러운 동문상을 받았다. 아내 역시 재경남해여중동문회 회장으로 6년간 봉사했다. 누가 알아주는 것도 아니고, 훈장이 나오는 일도 아닌데 왜 그리 고향 일에 열심이냐고 묻는 사람도 있었지만 나와 아내의 생각은 달랐다. 공동체 안에서 서로의 정을 나누고 발전을 도모하는 것이 삶을 보다 가치있게 만들어 준다는 것. 비단 고향만이 아니라 보이지 않게 연결된 수많은 인생의 울타리 안에서 '나' 혼자만이 아닌 '우리', '서로'의 의미를 되새기며 조금이라도 더 나눌 때 삶은 더 풍족해지리라.

하버드대학교가 알려준 기부의 가치

돈은 잘 버는 것만큼이나 잘 쓰는 것이 중요하다. 이것은 정말 진리다. 요즘 '플렉스'라는 말을 쓰면서 자기만족을 위해 큰돈 쓰는 것을 멋진 소비라고 여기는 풍조도 있지만 그런 것은 오래 가지 않는다. 생각해 보라. 명품이나 비싼 차를 사서 주변에 자랑할 때 느낀 우월감이 며칠이나 갔는지. 사람들의 부러움을 받는 몇 시간, 며칠이 지나면 그것들은 그냥 물건으로 자리할 뿐이다. 또다시 비슷한 자극을 위해 더 많은 돈을 써야 하고 그런 식으로 계속 애써봐야 특별히 나아지는 것은 없다. 남들에게 과시함으로써 얻어진 자존감이 근본적으로 무력한 마음을 채워주지 않기 때문이다.

인간은 사회적 동물이다. 홀로 빛나며 살 수 없으며 설령 그렇다고 해도 그 빛은 전혀 아름답지 않다. 내가 평생을 여러 단체와 사람들에게 기부하면서 배운 것은, 돈은 타인과 사회에 보탬이 되도록 쓸 때 그 가치가 가장 빛나고 스스로도 행복하다는 것이다. 번 돈을 무조건 남을 위해서만 쓰라는 것이 아니다. 나 역시 나와 내 가족을 위해서 쓸 돈은 과감하게 쓴다. 다만 그만큼 남을 위해서도 돈을 쓸 줄 알아야 삶이 조화로워진다는 것이다. 이런 신념을 바탕으로 오랜 기간 강서구장학회와 모교인 남해중학교, 남해제일고등학교, 고려대학교를 비롯해 수없이 많은 단체에 장학금을 기부하고, 여러 단체에 물적 지원을 해 왔다. 특히 자라나는 학생들에 대한 지원을 아끼지 않은 것은, 모든 배움에는 시기가 있고 그때에 하는 공부가 인생을 결정짓는 경우가 많기 때문이다.

아들이 고려대학교 의과대학에서 수련의 시절을 보낸 뒤 하버드 대학에서 연수를 하던 어느 날이었다. 아들이 있는 미국으로 건너간 손주 녀석들이 너무 보고 싶어 도통 잠이 오지 않았다. 그길로 스케줄을 조정해 아내와 함께 미국으로 가는 비행기 티켓을 끊었다. 아들딸이 휴가 한번 가자고 졸라도 환자들을 봐야 한다며 단호하게 거절했던 내가 손주들을 보려고 열 일을 마다한 채 병원 문을 나선 것이다. 그때의 방문이 지금까지도 처음이자 마지막 미국 방문이었다.

인천국제공항에서 반나절이 넘는 시간 동안 비행기를 타고 뉴욕 JFK공항에 내려 다시 보스턴로건국제공항으로 향했다. 공항에 도착하니 어디선가 "할아버지!" 하는 소리가 들렸다. 아들 내외와 손주들이 마중 나온 것이다. 얼마 만에 품에 안는 아이들인지, 손주들을 만나는 일이라면 반나절이 문제랴, 지구 어디라도 달려갈 수 있을 것이다.

아내와 아들 내외, 손주들과 함께 하버드대학교를 투어하기로 하고 케임브리지로 향했다. 캠퍼스에 들어서니 크고 웅장한 건물들이 주변 경관과 조화를 이루고 있었다. 하버드 야드(Harvard Yard)라고 불리는 넓은 광장의 잔디밭 주변으로 붉은 벽돌로 지어진 도서관과 강당 등 고전 건물들이 위치해 있었는데, 그 사이에서 책을 보거나 이야기를 나누는 학생들이 보였다. '지금은 순수하고 평범해 보이는 저 친구들이 언젠가 세계 각 분야로 진출해 큰 영향을 미치는 인재가 되겠지' 하는 생각에 묘한 감동이 느껴졌다.

　메인 캠퍼스에서 차로 조금 이동해 아들이 공부하고 있는 하버드 의과대학으로 향했다. 하버드대 의과대학은 세계에서 가장 오래되고 권위 있는 의과대학 중 하나로, 연구와 교육 분야에서 매우 높은 평가를 받고 있다. 그만큼 까다롭고 어려운 교육과정으로 유명한데, 아들이 이곳에서 불임의학연구에 매진하며 자신의 길을 닦고 있는 모습이 기특하고 자랑스러웠다.

　하버드대학교를 방문하면서 가장 인상 깊었던 것은 세버 홀(Sever Hall), 와이드너 도서관(Widener Library), 하버드의대 맥린병원(McLean Hospital) 등 교내의 다양한 건물과 시설 약 20여 동에 기부자들의 이름이 명명됐다는 사실이었다. 하버드대학교를 비롯한 세계의 명문 대학들이 졸업생이나 후원자들의 기부를 통해 여러 건물을 짓는다는 사실은 알고 있었지만 그것을 직접 눈으로 확인하니 감회가 새로웠다. 애초에 '하버드'라는 이름 자체가 학교에 수많은 유산과 도서를 기증한 존 하버드(John Harvard) 목사를 기리기 위해 명명된 이름이 아니었던가. 누군가의 기부가 많은 이들에게 교육의 장을 제공하고 더 나은 미래를 가져오는 것처럼 가치 있는 일이 또 있을까. 하버드대학이 세계 최고의 인재들을 배출할 수 있는 데에는 훌륭한 기부문화가 큰 몫을 했을 터였다.

손주들과의 아쉬운 만남을 뒤로하고 한국으로 돌아오던 비행기 안에서, 하버드대학교의 기부문화에 대해 거듭 곱씹어 보았다. 선배들의 기부가 후배들의 길을 닦아주고, 그 후배들이 훌륭한 인재로 성장해 다시 사회에 보탬이 되는 학교. 참으로 부럽고 존경스러운 문화였다. 우리도 '어느 대학의 커트라인이 몇 점이고, 취업률이 몇 %다'라는 이야기 보다 졸업생의 기부 뉴스가 많아지면 좋겠다는 생각이 들었다. 그리고 비행기가 한국 땅을 밟을 즈음, 그러한 기부문화의 시작점을 내가 열어야겠다는 결심이 섰다.

고려대학교에 30억 원을 기부하다, 유광사 홀의 탄생

한국에 돌아온 뒤 곧바로 바쁜 병원생활로 복귀했다. 하지만 아침부터 저녁까지 환자들을 진료하며 분만실을 오가는 중에도 머릿속에는 기부에 대한 생각이 떠나지를 않았다. 기부는 무조건 돈을 주는 것만이 전부가 아니다. 내가 건넨 돈이 목적한 바대로 바르게 잘 쓰이는지 살피는 것까지가 기부다. 특히나 거액의 돈을 지원할 때는 그것이 투명하게 잘 처리돼야 한다는 신뢰도 필요했다.

그러던 중 대학병원 소식지에서 모교인 고려대학교 의과대학에서 본관 건물을 신축할 예정이라는 소식을 접했다. 후배들이 더 나은 환경에서 질 좋은 교육을 받았으면 하는 마음을 갖고 있던 찰나, 모교의 건물 신축 소식은 더할 나위 없이 기쁜 소식이었다. 기부를 '언제, 어떻게 할까' 했던 고민이 사라졌다. 남은 것은 '얼마를 할 것인가'와 '가족들이 의견을 따라줄까' 하는 것이었다. '얼마를 기부할 것인가'에 대해서는 진작부터 마음먹은 액수가 있었다. 30억 원. 나에게도 적은 돈이 아니었지만, 필요한 건물을 부족함 없이 지으려면 그 정도 지원은 해야 한다는 생각이 들었다.

마음을 정리한 뒤 아내에게 말을 꺼냈다.

"하버드대에 다녀오고 나서 결심한 게 있어. 나도 모교에 좀 의미 있는 기부를 해야 하지 않겠어?"

숱한 기부를 해 온 내 입에서 새삼 '의미 있는 기부'라는 말이 나오자, 아내는 내가 큰돈을 기부할 생각이라는 것을 알아챈 듯했다. 그리고는 "당신이 어련히 알아서 잘 생각했겠어요? 원하는 대로 하세요"라고 답해 주었다. 30억 원을 한 번에 기부하겠다는 말에도 아내는 흔쾌히 동의했다. 병원 살림을 도맡으면서 1원도 허투루 쓰지 않고 꼼꼼하게 관리하는 아내였지만, 이번 기부는 그 가치와 의미가 다르다는 것을 이해한 것이다. 아들과 딸 역시 아버지의 결정이 매우 자랑스럽다며 지지해 주었다. 당연히 그렇게 따라줄 것이라

믿었지만, 한편으로는 "액수가 너무 많지 않아요?"라거나 "그럴 돈이면 저부터 좀 주세요"라고 말하면 어쩌나 했는데, 모두 쓸데없는 기우였다.

고려대학교 의과대학에 전화를 걸어 신축 건물을 짓는 데에 30억 원을 기부하겠다는 의사를 밝히자 학교 측에서는 깜짝 놀랐다. 그도 그럴 것이 30억 원이라는 액수는 기업이 아닌 개인 기부액으로는 최대 금액이었기 때문이다.

"이왕 짓는 것 우리 후배들을 위해 부족함 없이, 명성에 빠지지 않게 잘 지어주소."

고려대학교 의과대학은 나의 모교이기도 하지만 내 아들이 다닌 학교이기도 했다. 아버지가 자신과 아들의 모교 발전을 위해 돈을 기부한다는 점에서도 특별한 의미가 있었다. 무엇보다 이번 기부가 순수하게 산부인과를 운영하며 벌어들인 수익금이라는 점, 그리고 그 돈을 다시 의과대학 후배들을 위해 기부했다는 점이 자랑스러웠다.

학교 측에서 본관 건물 1층에 들어설 홀의 이름을 무엇으로 하면 좋을지 물어왔다. 거액의 기부자인 만큼 나의 뜻을 존중하겠다는 것이었다. 나는 하루 정도만 생각해 보겠다고 답한 뒤 고민을 해 보았다. 그리고 다음날, 내 이름을 붙이는 것이 어떻겠냐고 전했다.

하버드대학교처럼 기부자의 이름이 건물에 남으면, 훗날 그곳을 이용하는 후배들이 기부에 대해 자연스럽게 알 수 있고, 본인들도 자연스레 기부 문화를 배울 수 있지 않을까 하는 마음에서였다. 학교 측에서도 두고두고 감사와 업적을 기리기 위해 기부자인 내 이름을 붙이는 것이 좋겠다며 의견을 따라 주었다. 그렇게 고려대학교 의과대학 본관 1층에 위치한 350석 규모의 대형 강당에는 '유광사홀'이라는 이름이 명명됐다.

'모교에 30억 원 기부'라는 뉴스가 나가자 많은 사람들이 연락을 해 왔다. '정말 대단하다'. '어떻게 그런 생각을 했느냐' 하며 놀라워했다. 간혹은 '돈이 많으니까 가능했겠지'라거나 '30억 원을 기부해도 남은 돈이 많을 거다'라는 얘기들도 건너 건너 들어왔다. 그런 말을 들을 때면 조금 안타깝다. 늘 말하지만 돈이 많다고 해서 기부를 많이 할 수 있는 것은 아니다. 사람은 돈이 생기면 그 이상으로 쓸 곳이 생긴다. 기부는 내가 쓸 것 다 쓰고 돈이 남아서 하는 것이 아니라, 보다 나은 가치를 위해 자신의 이익을 포기하며 하는 것이다. 내가 30억 원이라는 거금을 기부하겠다고 마음먹은 것은, 이 돈이 다른 어느 곳에 쓰이는 것보다 후배 의학도들을 위해 쓰이는 것이 훨씬 가치 있으리라는 판단에서였다. 그리고 그 판단은 옳았다. 고려대 의과대학의 많은 후학들이 양질의 교육을 잘 받고 있을

뿐 아니라 유광사홀에서 많은 후배들의 교육 및 학회 활동이 활발히 이뤄진다는 뉴스를 볼 때마다 마음이 뜨거워지곤 한다.

처음 하버드대학교를 방문해 졸업생들의 이름이 붙은 건물에서 공부하는 학생들을 보았을 때의 그 감동을 잊을 수가 없다. 모교에 거금을 기부하면서 품었던 작은 바람은, 이 기부가 유광사 개인의 뉴스로 끝날 것이 아니라 앞으로 많은 졸업생들이 이러한 문화를 이어감으로써 우리 학교도 하버드대처럼 기부자들의 이름으로 지어진 건물들이 하나둘씩 늘어가는 것이었다. 우리 학교뿐만 아니라 다른 학교들도 훌륭한 기부문화를 이어가면서 선의의 경쟁을 한다면, 우리 사회가 보다 멋지고 가치 있는 곳이 되지 않을까?

몇 년 뒤 손자손녀가 한국에 나왔을 때 고려대학교 의과대학을 찾았다. 내 이름으로 명명된 유광사홀을 방문한 아이들은 눈이 휘둥그레졌다. 할아버지 이름이 학교에 영원히 남는다는 사실이 신기한 모양이었다. 훗날 손주손녀들이 나이를 먹었을 때, 할아버지를 사진이나 추억 속에서 꺼내 보는 것도 좋지만 이렇게 대학교에 명명된 이름으로 떠올린다면 그 의미가 남다를 것이다. '아 우리 할아버지는 열심히 버신 돈을 모교에 기부하셨지! 나도 그렇게 살아야겠다!' 하는 마음을 간직해 주는 것, 그런 생각으로 세상을 살아가기를, 그것이 진정한 노블레스 오블리주임을 꼭 가르쳐 주고 싶었다.

기부자 명예의 전당에 헌액되다

2018년, 서울 강서구청(노현송 구청장 당시) 본관에서 '기부자 명예의 전당' 제막식이 열렸다. 강서구청 본관 1, 2층 계단 벽면에 지역사회 기부자들의 이름이 새겨진 동판들을 설치해 공개하는 자리였다. 지역사회 주민들을 위해 꾸준히 선행을 펼치며 나눔을 실천해 온 기부자들 중 54명을 선정한 것이다. 기부자들의 따뜻한 마음과 의미를 기리는 한편 기부문화의 확산을 이어가려는 목적이었다. 이날 기부자들 가운데 기부금액이 제일 많았기 때문에 명예의 전당 중 가장 높은 곳에 '유광사여성병원 병원장 유광사'의 이름이 걸렸다. 1978년 강서구 화곡동에 산부인과를 개원한 이래 40년이 넘도록 의료사각지대에 놓인 주민과 외국인 노동자들을 대상으로 한 무료분만, 사회복지시설 후원, 장학금 지원 등을 꾸준히 실천해 온 것에 대한 기분 좋은 훈장이었다. 특히 2007년부터 2016년까지 (재)강서구장학회 이사장 직을 맡아 장학회 기금을 운용하면서, 보다 많은 학생들이 혜택을 볼 수 있도록 노력한 데에 대해 많은 감사 인사를 받았다.

가끔 내가 지원한 장학금으로 공부하는 학생들이 '열심히 공부해서 원장님과 같이 주변에 베푸는 훌륭한 사람이 되겠다'라는 내용의 편지를 보내올 때면 그렇게 행복할 수가 없다. 돈이 없어 진료를 보지 못하는 산모가 없어야 하듯이, 돈이 없어 공부하지 못하는 학생이 없어야 한다. 의료사각지대에 놓인 환자들뿐 아니라, 교육사각지대에 놓인 어려운 학생들을 계속해서 돕는 이유이다. 무엇보다 뿌듯한 것은, 나의 이런 모습을 본받아 딸과 아들도 크고 작은 기부활동을 이어가고 있다는 점이다. 한번은 딸이 "저는 아버지에 비하면 턱없이 적은 기부를 하면서도 가끔은 망설여질 때가 있는데, 아버지는 어떻게 그렇게 많은 기부를 꾸준히 하실 수가 있어요?"라며 솔직하게 물은 적이 있다. 기부를 할 때 아무 고민 없이 쉽게 된다면 그것은 거짓말일 것이다. 위에서도 말했지만 돈이 남아돌아서 기부를 하는 것이 아니라, 내가 쓸 곳이 많음에도 그 이익을 포기하고 기부를 하는 것이기에 지속적으로 기부하는 것은 쉽지 않다. 그래서 기부도 조금씩 습관을 들여 늘려가는 시간이 필요하다. 운동을 한 번도 해보지 않은 사람이 갑자기 프로선수처럼 큰 운동기구를 들려고 하면 몸이 따라주지 않는 것처럼, 기부도 어느 날 갑자기 크게 해야겠다고 생각하면 실천이 따라주지 않는다. 적은 금액이라도 꾸준히 기부하는 습관을 키워가면서 기부의 기쁨이 무엇인지 깨닫다 보면, 더 큰 기부를 할 수 있는 기회도 찾아온다. 그리고 또 하나, 기부에 대한 이야기는 자랑할수록 좋다. 사람은 타인의 행동에 영향을 받기 마련이다. 기부와 봉사활동은 숨기지 말고 주변에 열심히 알리는 것이 좋다. 내가 잘나가고 성공한 이야기는 주변을 주눅 들게 하지만, 기부와 나눔을 실천한 이야기는 좋은 자극이 되어 긍정적인 영향을 미친다.

나뿐 아니라 아내와 딸, 아들은 모두 크고 작은 기부와 봉사를 실천하며 살고 있으며 그것이 가족의 큰 자랑이다. 이러한 삶이 다른 사람들에게 선한 영향을 미쳐 우리 사회가 더 살만한 세상이 되기를 늘 바라는 바이다.

제51회 납세자의 날 부총리 겸 재정경제부장관상 수상

---

1   故 황금자 할머니 장학금 기사
2   故 황금자 할머니 1주기 추모 행사 겸 황금자장학금 수여식에서 강서구 장학회 이사장 자격으로 참석. 수여자로 선발된 학생 4명에게 2백만 원씩 총 8백만 원의 장학금 전달(2015년 1월 겸재정선미술관에서)

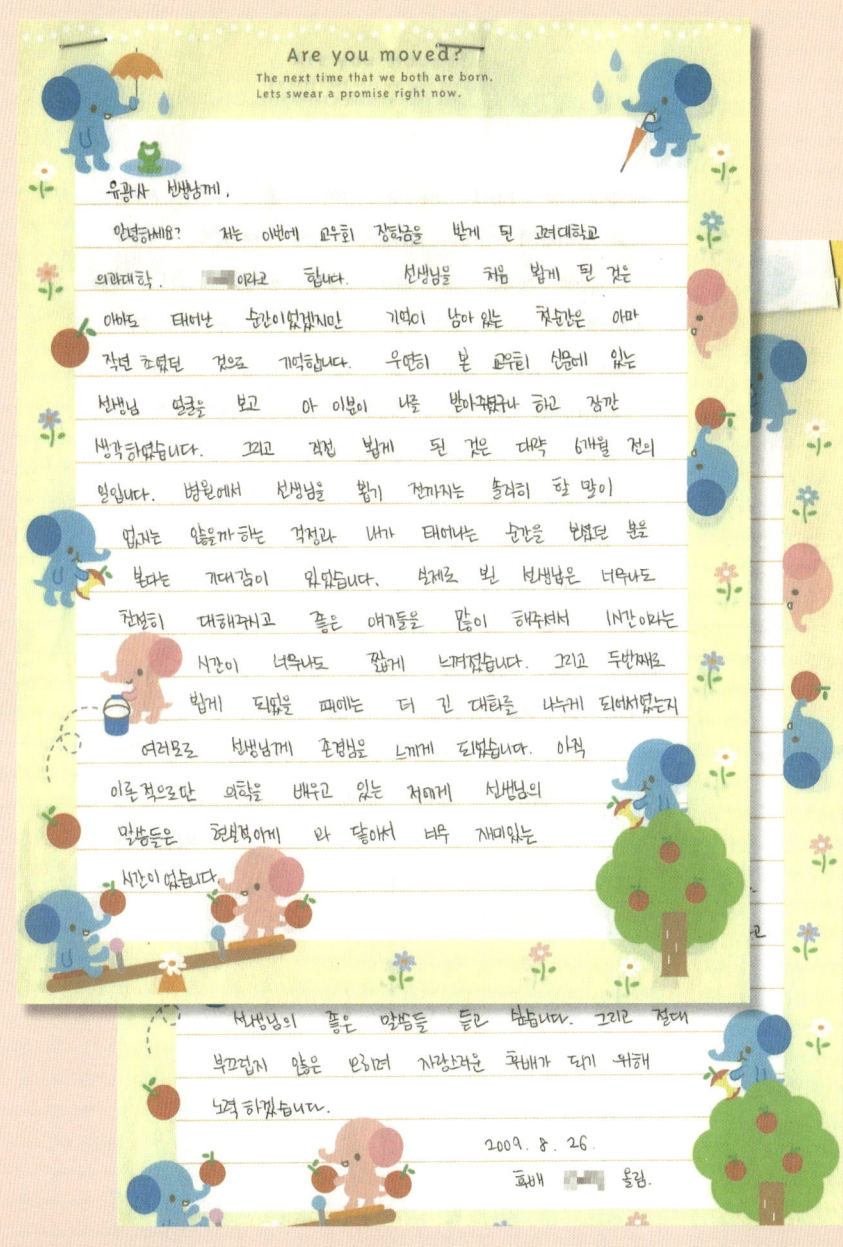

기부한 장학금을 받은 학생들로부터 받은 손편지1

유광사 선배님께

선배님, 안녕하세요? 저는 이번에 선배님께 장학금을 받게 된 ███████ 입니다.
우선, 너무나도 감사드린다는 말을 하고 싶습니다. 갑자기 어려워진 집안 사정 때문에 학업을
계속 하기 어려운 상황이었는데, 선배님의 도움으로 계속 학교에 다닐 수 있게 되었습니다.
어두웠던 집안 분위기도 많이 좋아졌고, 저 뿐만 아니라 부모님도 진심으로 기뻐하고
선배님께 감사함을 느끼고 있습니다. 선배님의 뜻을 기려 열심히 학교 생활을 하면서
학업에 더욱 정진하겠습니다. 훌륭하신 선배님으로부터 든든한 지원을 받고 나니 더욱 힘이
나는 것 같습니다. 선배님으로부터 장학금을 받고 앞으로 정말 열심히 공부해야 겠다, 열심히
살아야 겠다는 결심을 했습니다. 나아가, 앞으로 성공해서 선배님의 은혜에 보답하고
저도 나중에는 선배님처럼 후배를 돕는 훌륭한 사람이 되고 싶습니다.
이러한 결심을 이루기 위해서 저는 요즘 영어와 중국어 공부에 한창입니다. 저의 오랫동안
장래희망은 쭉 외교관이었습니다. 그러나 집안 사정이 어려워지고나서 시간과 비용이 많이
드는 외무고시에 도전하는 것이 부담스럽게 느껴지는 것이 사실입니다. 또, 장녀로서 하루라도
빨리 취직을 해서 돈을 벌어야 한다는 책임감때문에 꿈과 현실 사이에서 고민하는 중입니다.
어쨌든, 외무고시와 기업취직에는 모두 외국어 능력이 중요하기 때문에 영어와 중국어를
열심히 공부하고 있습니다. 제가 어떤 길로 나아가든 성실하고 꾸준히 노력하는 사람이 되어야
한다는 사실에는 변함이 없는 것 같습니다. 선배님의 도움은 나태해지거나 비관적이

경제위기 때문에 저희 가족과 저는 힘든 생활을 맞게 되었지만, 저는 아직 22살 밖에 되지
않은 젊은이이기 때문에 희망을 잃지 않고 살겠습니다. 어려움 속에서도 꿈을 이루려고 노력
하는 것이 선배님의 은혜에 보답하는 길이라고 생각합니다. 열심히 공부할테니 지켜봐주세요! :)
다시 한 번 선배님의 후배 사랑에 감사 드립니다.

2009. 3. 16 ███ 올림

기부한 장학금을 받은 학생들로부터 받은 손편지2

고향 선후배들과 함께

↓

진목마을 공적비에 새겨진 기념 문구

여기 이 터를 동민의 광장으로 만들어
동민의 화합과 단결로
내 고향 발전을 바라는 짙은 애향심에서
의학박사 류광사님께서 기증하였기에
이 글을 새기며
우리 모두 힘써 노력하여
살기 좋은 마을을 만들어
뒷날을 사는 사람들에게
물려주기를 다짐하며
이 돌을 세웁니다.

진목 동민 일동
서기 1986년 7월 12일

3 고향 주민들이 세워준 공적비 앞면
4 고향 주민들이 세워준 공적비 뒷면
5 고향 주민들이 세워준 공적비 좌대(밑돌)
6 공적비가 세워진 광장

7　재경 향명회로부터 수여한 감사장

8　남해중학교에서 수여받은 자랑스런 동문상

9 남해 일일 명예군수 당시
10 대한민국 글로벌의료마케팅 여성전문병원 부문 대상 수상 당시 재경설천면향우회에서 걸어준 축하 기사

유광사 귀하

평소 산부인과 학계에 큰 공 세우시고
고대에 큰 지원주시어 아름다운 의사로
칭송받아 감사와 경의를 표합니다.

산부인과 명예회장 배병주
02-753-3457

유광사 원장님께

안녕하십니까? 고려대학교 발전을 위해 큰 기여를 해주신 원장님께 감사 인사드립니다.

원장님께서 보내주신 큰 사랑은 고대가 글로벌 대학으로 도약하는데 큰 힘이 되고 있습니다. 세계대학평가기관인 QS가 글로벌 유수대학 4,700여개를 대상으로 한 평가에서 고려대학교는 올해 83위를 달성하여 6년 연속 국내 종합사립대 1위라는 쾌거를 이루었습니다.

고려대학교는 세계적인 명문대학으로의 발전에 기여해주신 분들의 소중한 기부금을 정성스럽게 사용하고, 그 사용내역을 '발전기금 연차보고서' 등 다양한 경로를 통해 보고드리고자 노력하고 있습니다.

금일 받아보신 자료는 그동안 학교에 기부해주신 내역과 '디지털 도너스 월 (Donor's Wall)' 내 기부자 네이밍 예우 현황에 관한 내용입니다. 자료내용을 보시고 학교발전에 대한 고견이 있으시거나 궁금하신 점이 있으시면 담당부서인 대외협력처 기금기획부 (전화: 02-3290-1905 / 문자: 010-4114-1905)에 연락주시면 자세하게 안내해드리도록 하겠습니다.

고대의 꿈을 함께하는 아름다운 동행에 깊은 감사를 전하며 원장님의 말씀과 지혜에도 언제나 귀 기울여 내실있는 교육과 연구가 이루어질 수 있도록 최선을 다하겠습니다. 아울러 고대의 변화와 발전상을 두루 살펴보실 수 있도록 학교로 모실 수 있는 시간을 마련하겠습니다.

앞으로도 고대에 많은 응원 부탁드리며, 항상 건강하시고 댁내 두루 평안하시길 기원합니다. 감사합니다.

2019년 7월

고려대학교 총장 정진택 드림

11 고려대 기부 후 배병주 산부인과 명예회장으로부터 받은 감사카드
12 고려대학교 총장으로부터 받은 감사장

고려대학교 의과대학 본관 전경

고려대학교 의과대학 본관 1층에 위치한 유광사홀 앞에서, 아내와 함께

넷. **"이야기를 마무리하며"**

허락되는 한, 다른 누구도 아닌
'산부인과 의사 유광사'로서 최선을 다할 것이다.
어제와 같이 오늘도, 그리고 내일도.

1
오늘도 나는, 산부인과 의사 유광사

나와 식사를 해 본 사람들이 깜짝 놀라는 것이 있다. 바로 적은 식사량이다. 아침, 점심, 저녁을 거르지는 않지만 늘 어른 수저로 3수저 되는 양의 밥만 먹는다. 병원 직원들도 "원장님, 대체 그것만 드시고 어떻게 견디세요?" 하고 묻지만 나는 한 번도 밥이 부족하다거나 허기진다는 생각을 해 본 일이 없다. 오랜 기간 소식해 온 습관 덕에 위의 크기가 줄어서인지 몰라도 그 이상을 먹으면 오히려 속이 답답하고 더부룩하다. 아마 밤낮없이 분만을 대기하면서 밥을 너무 배불리 먹어 졸음이 쏟아지는 것을 피하기 위해 식사량을 제한했던 것이 몸에 밴 것은 아닌가 싶기도 하다. 건강을 위해 보약이나 영양제도 따로 먹지 않는다.

아흔셋에 돌아가신 어머니께서 오래도록 건강하시고 눈도 좋으셨는데, 여든이 넘은 나 역시 안경을 쓰지 않는다. 간혹 진료실에서 안경 없이 진료차트를 읽는 나를 보고 환자들이 "선생님, 안경도 안 쓰시고 그걸 다 읽을 수 있으세요?" 하고 물을 정도다. 보청기도 사용하지 않는 것을 보면 어머니의 건강을 잘 물려받은 것이 아닌가 싶어 감사할 따름이다.

그런데 내가 건강을 유지하는 요인에는 후천적인 비결도 있다. 아침 8시 30분이면 변함없이 가운을 입고 진료실 책상에 앉는 생활이 그것이다. 몇몇 지인들은 내게 "원장님, 이제 병원 일은 좀 두시고 해외여행이랑 골프 치면서 여가를 즐깁시다"라고 권하곤 한다. 한평생 힘들게 환자들을 봤으니 이제는 좀 놀러 다녀야 되지 않겠냐는 것이다. 그러나 그것은 나를 잘 몰라서 하는 말이다. 정치인, 고려대 30억 원 기부, 기부 명예의 전당 헌액 등 나를 수식하는 수많은 타이틀이 있지만, 여전히 나를 대표하는 수식어는 '산부인과 의사 유광사'이다. 아무리 즐겁고 화려한 삶도 '산부인과 의사 유광사'가 아닌 곳에서는 내게 의미가 없다. 그래서 매일 아침 같은 시간에 환자들을 만나고, 퇴근 때까지 틈이 날 때마다 원장실에 있는 실내자전거를 타면서 체력을 유지한다. 간혹 일요일에 한정해서 여동생 부부와 골프장 라운딩을 하거나 실내 골프를 치기도 한다. 한참 정치활동을 할 때는 부르는 자리마다 나가서 술도 많이 마셨지만,

요즘은 인사 차 한두 모금 마실 뿐 웬만하면 자제하고 있다. 이 모든 것이 건강한 몸과 마음으로 환자들을 진료하기 위해서이고, 이러한 생활이 다시 나를 건강하게 만들어 준다.

의과대학 졸업 후 우연히 산부인과 수련의가 된 이래 50여 년에 이르는 시간 대부분을 진료실과 분만실에서 보냈다. 수많은 아기들을 내 손으로 받아내는 과정에서 말로 표현할 수 없는 감동을 맛보았고, 때로는 아픔과 절망을 느끼기도 했다. 의사이기 이전에 한 사람으로서, 생명 탄생의 시작점에서 자신의 소임을 다 할 수 있다는 것은 크나큰 영광이다. '직업은 천직'이라, 하늘에서 내려주는 것이라는 말이 있는데 나는 늘 산부인과 의사로서의 삶이 하늘이 내게 맡겨주신 일이라는 생각을 갖고 있다. 그렇기에 허락되는 한, 다른 누구도 아닌 '산부인과 의사 유광사'로서 최선을 다할 것이다. 어제와 같이 오늘도, 그리고 내일도.

2
사랑하는 아버지께
(유상희, 유상욱 원장의 편지)

어린 시절 아버지의 바쁜 삶이 서운하기도 했지만, 환자를 위해 항상 최선을 다하셨던 아버지의 모습이 저희에게는 살아있는 가르침이었고 덕분에 저희 또한 지금의 길을 걸을 수 있었습니다. 바쁜 의료 현장 속에서도 늘 가족을 생각하셨던 아버지의 마음이, 지금의 저희를 있게 한 가장 큰 힘이었습니다.

삐삐 소리가 울릴 때마다 식사 자리에서 급히 떠나시던 기억도, 어린이날이나 방학에도 함께하지 못했던 순간들도 이제는 아버지께서 얼마나 많은 책임을 감당하셨는지를 보여주는 장면으로 남아 있습니다. 그 속에서도 아버지는 언제나 저희를 향한 따뜻한 사랑과 믿음을 잃지 않으셨습니다.

삶의 본보기로서, 그리고 든든한 아버지로서 보여주신 모든 것에 진심으로 감사드립니다. 아버지가 저희를 얼마나 사랑해 주셨는지, 또 그 사랑이 얼마나 깊은 가르침이었는지 시간이 갈수록 더 크게 느껴집니다. 아버지가 저희를 사랑해 주신 만큼 저희도 아버지를 깊이 존경하고 사랑합니다. 늘 건강하시고 오래도록 저희 곁에 계셔주세요.

사랑과 감사의 마음을 담아,
쉬즈 애비뉴 피부과의원 원장 **유상희**
유광사여성병원 불임의학연구소 소장 **유상욱**

올림